TRAUMTOUREN MIT DEM E-BIKE

IN DEUTSCHLAND

Burg Prunn
ist zurecht eines der beliebtesten Fotomotive im Altmühltal

5 | S. 56
Ein Traum in lila
Von Walsrode nach Celle
Länge: 78 km | Höhenmeter: 75 Hm

1 | S. 8
Der längste Radeltraum der Welt
Nordseeküstenradweg
Länge: 929 km | Höhenmeter: 669 Hm

2 | S. 18
Auf Traumpfaden von Meer zu Meer
Von Brunsbüttel am Nord-Ostsee-Kanal entlang nach Kiel
Länge: 112 km | Höhenmeter: 84 Hm

3 | S. 28
Im Schatten der Wellen
Ostseeküstenradweg
Länge: 445 + 697 km | Höhenmeter: 998 + 1497 Hm

4 | S. 46
Die Königin der Ostsee
Rundtour von Stralsund um die Insel Rügen
Länge: 293 km | Höhenmeter: 733 Hm

6 | S. 64
Durch das Land der 100 Schlösser
Rundtour von Münster über Havixbeck und Altenberge
Länge: 63 km | Höhenmeter: 146 Hm

7 | S. 72
Traumhaftes Radeln durch Berg und Zeit
Von Wuppertal über alte Bahntrassen nach Hattingen
Länge: 35 km | Höhenmeter: 284 Hm

8 | S. 82
Zu den Toren einer vergessenen Welt
Von Detmold nach Lippstadt
Länge: 50/90 km | Höhenmeter: 257 Hm

9 | S. 92
Sagenhafte Erlebnisse im Harz
Von Wernigerode auf den Brocken
Länge: 27 km | Höhenmeter: 1032 Hm

10 | S. 100
Eine radelnde Entdeckungsreise
Rundtour von Tangermünde über Werben und Havelberg
Länge: 100 km | Höhenmeter: 89 Hm

11 | S. 108
Freiheit auf zwei Rädern
Von Brandenburg (Havel) nach Berlin
Länge: 105 km | Höhenmeter: 213 Hm

12 | S. 120
Durch das grüne Labyrinth
Rundtour von Lübbenau über Burg
Länge: 77 km | Höhenmeter: 44 Hm

13 | S. 128
Auf den Spuren alter Bahnen durch Hessen
Rund von Bad Hersfeld über Geisa, Tann und Fulda
Länge: 153 km | Höhenmeter: 693 Hm

18 | S. 176
Geheimnisvolle Naturschauspiele
Rundtour von Saarlouis
Länge: 92+50 km | Höhenmeter: 660 + 400 Hm

14 | S. 138
Auf zwei Rädern durch Geschichte und Natur
Von Eisenach nach Altenburg
Länge: 228 km | Höhenmeter: 917 Hm

15 | S. 148
Der Traum vom sächsischen Meer
Rundtour von Radebeul über Moritzburg, Radeberg, Dresden und den Elberadweg
Länge: 112 km | Höhenmeter: 84 Hm

16 | S. 156
Zwischen Weinbergen und Burgen
Von Cochem nach Koblenz
Länge: 53 km | Höhenmeter: 73 Hm

17 | S. 166
Auf den Spuren der Nahe
Von Idar-Oberstein nach Bingen
Länge: 77 km | Höhenmeter: 138 Hm

19 | S. 184
Auf den Spuren der Hohenzollern
Rundtour von Tübingen über Hechingen
Länge: 54 km | Höhenmeter: 370 Hm

20 | S. 194
Das rauschende Herz des Rheins
Rundtour von Stein am Rhein über Schaffhausen
Länge: 48 km | Höhenmeter: 243 Hm

21 | S. 202
Unvergessliche Panoramafahrt
Bodensee-Radweg
Länge: 260 km | Höhenmeter: 627 Hm

22 | S. 212
Main, Wein und noch viel mehr
Rundtour von Würzburg über Kitzingen
Länge: 58 km | Höhenmeter: 203 Hm

23 | S. 222
Das Radlerparadies an Altmühl und Donau
Von Eichstätt über Kelheim nach Ingolstadt
Länge: 154 (117) km | Höhenmeter: 358 (308) Hm

24 | S. 236
Königliches Finale
Rundtour von Füssen über Roßhaupten und Schwangau
Länge: 36 km | Höhenmeter: 143 Hm

25 | S. 246
Geschichte unter und über der Erde
Rundtour von Bad Reichenhall über den Königssee
Länge: 64 km | Höhenmeter: 464 Hm

Nordsee
Ostsee
Flensburg
Nord-Ostsee-Kanal
Kiel
Stralsund
Rostock
Brunsbüttel
Lübeck
Cuxhaven
Hamburg
Schwerin
Norden
Elbe
Bremen
Havel
Berlin
Spree
Potsdam
Oder
Weser
Hannover
Osnabrück
Ems
Magdeburg
Elbe
Mulde
Neiße
Bielefeld
Münster
Cottbus
Rhein
Göttingen
Dortmund
Hattingen
Ruhr
Saale
Leipzig
Düsseldorf
Wuppertal
Kassel
Dresden
Köln
Eisenach
Weimar
Altenburg
Fulda
Werra
Erfurt
Bonn
Lahn
Koblenz
Frankfurt a.M.
Main
Mosel
Main
Mainz
Würzburg
Nahe
Nürnberg
Saarbrücken
Rhein
Altmühl
Regensburg
Mosel
Saar
Neckar
Eichstätt
Donau
Stuttgart
Passau
Isar
Ulm
Donau
Inn
Donau
München
Freiburg
Konstanz
Iller
Füssen
Bodensee
1
2
3
4
5
6
7
8
9
10
11
12
13
14
15
16
17
18
19
20
21
22
23
24
25

TRAUMHAFTES RADFAHREN IN DEUTSCHLAND

Das ist kein Widerspruch in sich, sondern die vermutlich schönste Art, dieses Land kennenzulernen. Schöne Landschaften, pittoreske Ortschaften und historisch bedeutsame Städte sorgen für Kurzweil, und überall laden Cafés und Biergärten zu einer Rast ein. Könnte es eine bessere Art geben, seine Freizeit zu verbringen?

In diesem Buch präsentieren wir Euch die 25 traumhaftesten Radrouten, die Euch quer durch´s Land verteilt zu den schönsten Sehenswürdigkeiten führen. Wir beginnen im hohen Norden mit den beiden großen Küsten-Radwegen sowie einer Tour, die diese beiden miteinander verbindet.
Der Osten des Landes überrascht uns mit Radl-Paradiesen in Thüringen und im Mündungsgebiet der Havel in die Elbe. „Große Klassiker" hingegen erwarten uns, wenn wir vom Elbflorenz nach Moritzburg, durch den idyllischen Spreewald oder durch die Bundeshauptstadt radeln. In der Mitte des Landes bescheren uns ehemalige Bahntrassen einzigartige und autofreie Erlebnisse.
Je weiter es uns gen Süden zieht, umso mehr rückt wieder das Element Wasser in den Fokus: Berühmte Fernradwege begleiten uns z. B. entlang von Mosel, Rhein, Saar, Main oder Neckar. Das eindrucksvolle Alpenmassiv haben wir stets im Blick, wenn wir am Bodensee, am Königsee oder rund um die weltbekannten Königsschlösser von Füssen unterwegs sind.

Die Touren sind sowohl Tagestouren als auch Radfernwege, die in individuelle Tagesetappen eingeteilt werden können. Es gibt Rund- und Streckentouren. Alle beginnen möglichst am örtlichen Bahnhof. Aber natürlich besteht auch immer die Möglichkeit, mit dem PKW oder dem Fahrrad selbst anzureisen. Für ein sicheres Abfahren der Touren gibt es kostenlose GPS-Track-Daten für die Nutzung auf Euren mobilen Geräten. Den Download könnt Ihr auf unserer Website oder direkt in unserer Kartenapp vornehmen – genaueres ist unter dem Link bzw. dem QR-Code erklärt:

www.fahrrad-buecher-karten.de/traumtouren-digital
Der Zugangscode, nach dem Ihr gefragt werdet, lautet:
EBD-01-242-682-TT

Eins noch: Die Informationen zu diesem Buch wurden sorgfältig und nach bestem Wissen und Gewissen zusammengetragen. Dennoch gibt es in unserer schnelllebigen Zeit ständig Veränderungen. Bitte helft uns mit, dieses Buch aktuell zu halten, in dem Ihr uns etwaige Änderungen mitteilt – am besten per E-Mail an buecher@bva-bikemedia.de. Unser Dank ist Euch ebenso gewiss wie der Dank der anderen Leser!

Wir wünschen Euch traumhafte Radtouren!

1 DER LÄNGSTE RADEL-TRAUM DER WELT

Nordseeküstenradweg

Sankt Peter-Ording

Perfekter kann eine Ferienwohnung nicht liegen

1 DER LÄNGSTE RADELTRAUM DER WELT

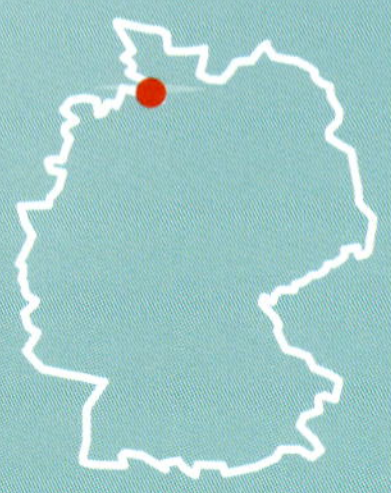

Zugegeben, das Prädikat „Längster Radweg der Welt" gilt nur für den gesamten Nordseeküstenradweg, der sich durch diverse europäische Länder auf eine Länge von 6.000 km addiert. Hier geht es zwar „nur" um den >900 km langen deutschen Abschnitt - bei dem Ihr aber unbeschwerte und leicht zu fahrende Radelträume erlebt!

Länge: ca. 929 km, durchgehende Beschilderung. Keine Steigungen. Die Route führt meist abseits des Straßenverkehrs über separate Rad- oder Feldwege bzw. auf Nebenstraßen.

Höhenmeter: 669 hm

Start: Leer **Ziel:** Ruttebüll

Aufteilung in mind. 12 Tagesetappen empfohlen, damit ein Akku pro Tag reicht

Scan den QR-Code & hol Dir Deine Tour!

Seehundaufzuchtstation Norddeich

Junge Seehunde, die in der Natur verwaist aufgefunden werden, erhalten hier die notwendige Pflege und Aufzucht. Nach erfolgreicher Rehabilitation werden die Tiere wieder in die Nordsee entlassen.

Ostfriesisches Teemuseum

In einem historischen Gebäude widmet sich das Museum der langen Tradition des Teetrinkens in der Region. Besucher können dort alles über die Geschichte des Ostfriesentees erfahren und an einer traditionellen Teezeremonie teilnehmen.

Leuchtturm Westerheversand

Erhaben thront das Wahrzeichen auf den Salzwiesen und bietet Besuchern einen atemberaubenden Blick auf die Nordsee. Das rot-weiße Bauwerk zieht jährlich zahlreiche Touristen an, die die einzigartige Atmosphäre und das Panorama genießen möchten.

Hamburg

Bekannt als das Tor zur Welt, zeichnet sich die Stadt durch ihren beeindruckenden Hafen sowie zahlreiche Brücken und Kanäle aus. Ein architektonisches Highlight ist die Elbphilharmonie, die mit ihrer spektakulären Glasfassade als neues Wahrzeichen gilt.

Bremerhaven Auswanderermuseum

Geschichten von Menschen, die ihre Heimat verließen, werden hier lebendig und nachvollziehbar dargestellt. Die multimedialen Ausstellungen ermöglichen einen tiefen Einblick in die Erfahrungen und Herausforderungen der Auswanderer.

1 DER LÄNGSTE RADELTRAUM DER WELT

Leer nennt sich gerne „Das Tor Ostfrieslands". An der Emsmündung gelegen war Leer einst eine geschäftige Leineweberstadt, ehe sie sich auch als Hafenstadt etablierte. Mehr über die lange Tradition erfahren wir im Heimatmuseum. Das Stadtbild ist in den obligatorischen Backsteinfarben gehalten, typisch ist aber auch das Wasser, denn es gibt 750 ha Wasser in der Stadt! Das Rathaus steht direkt am kühlen Nass und gibt mit seinem Turm und den vielen Fenstern ein tolles Motiv ab. Ansehen sollten wir uns auch das Hafentor, die Museumsschiffe und die Große Kirche.

Los geht´s
an der niederländischen Grenze oder in Leer. An der Emsmündung entlang radeln wir nach Emden, dann am Dollart entlang zur Nordsee. Auf unseren weiteren Kilometern geht es ab Norden / Norddeich immer an der Küste entlang, die Nordseeinseln fallen uns immer wieder ins Auge. Hinter Wilhelmshaven umrunden wir den Jadebusen und treffen nach einer kleinen Überfahrt in Bremerhaven auf die große weite Welt.

Emden besitzt den westlichsten deutschen Seehafen – hier werden vor allem Autos verschifft. Dass Emden nicht nur das kulturelle Zentrum Ostfrieslands, sondern auch noch eine der sehenswertesten Städte der Region ist, erkennen wir z.B. am Ratsdelft, wo sich das Alte Rathaus erhebt. Dessen Turm können wir besteigen und weit ins Land oder aufs Meer hinausblicken. Freunde der Muse sollten unbedingt die Kunsthalle ansteuern, denn hier gibt es interessante Gemälde und Plastiken zu betrachten, die von „Stern"-Verleger Henri Nannen zusammengetragen wurden.

In Greetsiel können wir fangfrische Krabben genießen und / oder uns die „Greetsieler Zwillinge" ansehen, zwei Windmühlen aus den Jahren 1856 und 1921. Norddeich ist eines der bekanntesten Seebäder der Region. Mindestens ebenso bekannt ist die Seehund-Aufzuchtstation. Etwas im Landesinneren liegt Norden mit seinem pittoresken alten Stadtkern, der vom Schöninghschen Haus und dem Rathaus dominiert wird.

Die nächsten Küstenorte enden häufig auf „Siel". Hinter dem Begriff verbirgt sich ein Entwässerungssystem, das hinter dem Deich gelegen ist.

Greetsiel
Zeit, dass sich was dreht

1

Wilhelmshaven ist schon seit der Zeit des Kaisers ein wichtiger Marinehafen, zudem wird heute im Hafen viel Öl umgeschlagen. Am Hafen finden wir auch die **Kaiser-Wilhelm-Brücke**, die mit 159 m Länge die größte Drehbrücke Europas ist.

Der Jadebusen, den wir umradeln, ist ein von Sturmfluten verschont gebliebener Rest Land. Riesige Wellen sorgten bereits im Mittelalter dafür, dass ganze Landstriche abgespült wurden.

Bremerhaven entstand als Vorhafen Bremens, als die Weser flussaufwärts versandete. Die lange Geschichte Bremerhavens wird im **Deutschen Schifffahrtsmuseum** und im Morgensternmuseum dargestellt. Wer nach den vielen Radel-Kilometern Lust hat auf Essen, Trinken und Shoppen, ist in Bremerhaven genau an der richtigen Adresse. Wer eher die Natur sucht, geht in den Zoo am Meer. Hier finden wir Tiere, die nur in nordischen Regionen heimisch sind. Dasselbe gilt für die Lebewesen im Nordsee-Aquarium.

Tipp

In der Nordecke des Hafenbeckens von Cuxhaven ist die „Alte Liebe" gelegen. Als Landungsbrücke erbaut, dient sie heute als Aussichtsplattform. Wer mag, kann von hier auch Ausflüge nach Helgoland unternehmen.

Weiter geht´s

am Wattenmeer entlang nach Cuxhaven. Dann wenden wir uns erstmal ab vom Meer und rollen durch wundervolle Natur durchs Landesinnere via Stade nach Hamburg.

Das Nordseebad Cuxhaven ist einer der bedeutendsten Fischereihäfen Deutschlands. So ist es auch nicht verwunderlich, dass es Fischer und Lotsen waren, die ab 1570 hier an der 15 km breiten Elbmündung eine Siedlung etablierten. Ein Fischbrötchen oder andere maritime Leckereien zu genießen gehört in Cuxhaven ebenso dazu, wie sich die Altstadt und das Schloss Ritzebüttel anzusehen.

Stade ist ohne Frage eines der Highlights unserer Nordsee-Tour. Denn hier präsentiert sich eine gut erhaltene Altstadt, die noch heute von den

Stade

Fachwerkträume am alten Hafen

1

Festungswällen aus der Schwedenzeit umgeben ist. Fachwerkhäuser, die in engen Gassen stehen, Prachtbauten wie der Schwedenspeicher am Alten Hafen, das Bürgermeister-Hintze-Haus, der Holzkran am Hafen – all das und noch viel mehr können wir bewundern.

In Buxtehude finden wir ebenfalls Reste einer Stadtmauer, die eine Altstadt umschließen. Im Jugendstil ist das Rathaus gehalten, während der 75 m hohe Turm der St. Petri-Kirche das Bild prägt.

Zu Hamburg könnte man ohne Frage mehrere Bücher füllen, ohne erschöpfend auf alles Sehenswerte eingegangen zu sein. Die zweitgrößte Stadt Deutschlands wurde im 7. Jahrhundert erstmals erwähnt und legte nicht zuletzt als Hansestadt eine rasante Entwicklung hin. Nur wenige Orte Deutschlands werden stärker touristisch frequentiert. Die meisten Gäste zieht es zu den **St. Pauli-Landungsbrücken**, zum Fischmarkt, zur Speicherstadt (u.a. mit einer von Deutschlands mittlerweile beliebtesten Sehenswürdigkeiten: dem Miniaturwunderland), zum Hamburger Dom, zur Kunsthalle oder (abends) auf die Reeperbahn. Aber auch einfach das Flair an Binnen- und Außenalster oder in den vielen Grünanlagen der Stadt zu genießen, gehört zu einem Besuch der Metropole dazu. Ebenso natürlich eine **Hafenrundfahrt**, denn schon seit dem 12. Jahrhundert ist Hamburg das „Tor zur Welt", in dem täglich tausende Tonnen an Waren umgeschlagen werden. In den kleinen Barkassen starten wir an den Landungsbrücken

unsere Tour und sind immer wieder beeindruckt von den Dimensionen der Ozeanriesen.

Hamburgs neues Wahrzeichen
Die „Elphi" hinter den Landungsbrücken von St. Pauli

Weiter geht´s

an der Elbe bzw. an der Nordseeküste entlang gen Norden. Berühmte Ortsnamen wie Elmshorn, Brunsbüttel oder Husum begleiten unseren weiteren Weg bis zur dänischen Grenze.

Nachdem wir den Nord-Ostsee-Kanal passiert haben, durchradeln wir mehrere bekannte Nordseebäder wie Büsum mit seiner Krabbenfischerei, Tönning mit den alten Giebelhäusern, St. Peter-Ording mit seinem 12 km langen Strand oder Friedrichstadt, das Herzog Friedrich III. von Schleswig-Gottorf für Glaubensflüchtlinge aus den Niederlanden gründete. Daher darf es nicht verwundern, wenn uns die Grachten hier an Holland erinnern.

Theodor Storm nannte seine Heimatstadt Husum einst „graue Stadt am Meer", was am tristen Zementanstrich der damaligen Zeit lag. Heute begrüßen uns eine Reihe farbenfroher Bürgerhäuser, die den Auslöser unserer Kamera surren lässt.

Niebüll kennen viele als Verladestation der Autos auf den Zug nach Sylt. Dabei vergessen viele, das sehenswerte Richard-Heizmann-Museum zu besuchen, das im ehemaligen Rathaus untergebracht ist. □

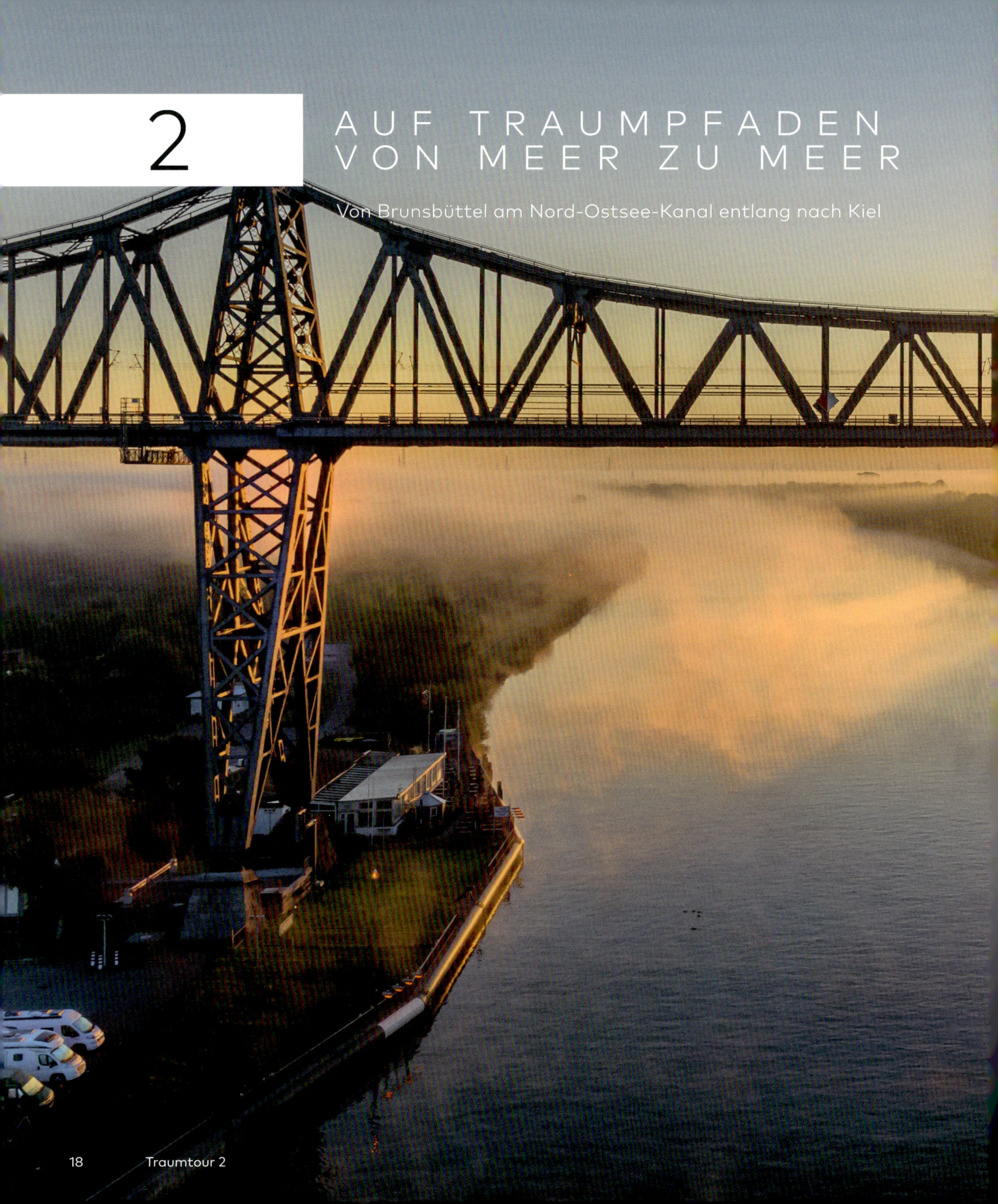

2

AUF TRAUMPFADEN VON MEER ZU MEER

Von Brunsbüttel am Nord-Ostsee-Kanal entlang nach Kiel

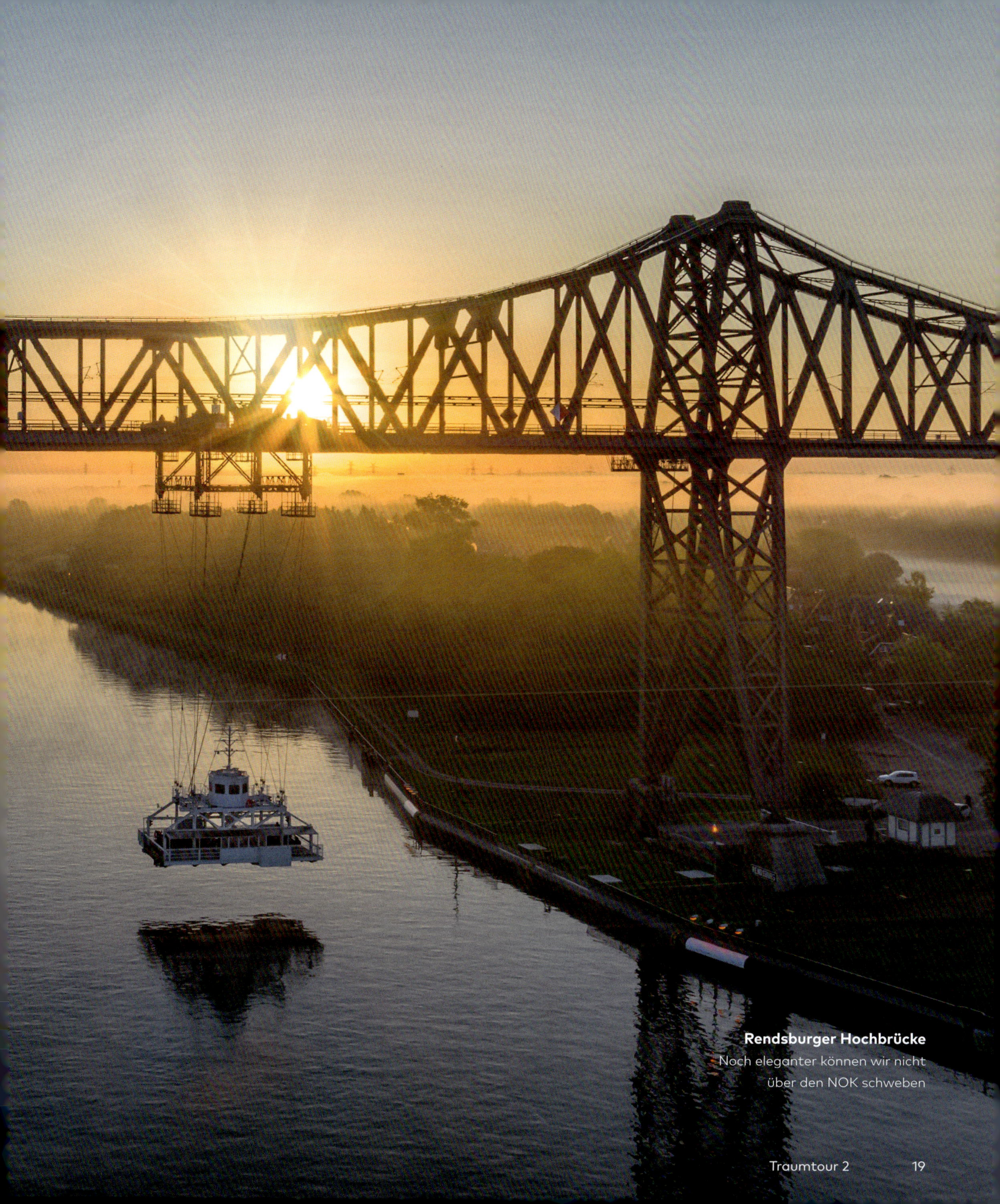

Rendsburger Hochbrücke
Noch eleganter können wir nicht über den NOK schweben

2 AUF TRAUMPFADEN VON MEER ZU MEER

Schon im Jahre 1777 verfolgte der Dänische König eine spannende Idee: Für die Schiffe sollte eine direkte Verbindung zwischen Nord- und Ostsee geschaffen werden, um die lange Reise um das Skagerrak im hohen Norden Dänemarks erheblich kürzer und sicherer zu gestalten. Seinerzeit entstand der Eiderkanal, der als Vorläufer des Nord-Ostsee-Kanals anzusehen ist. Der „NOK" entwickelte sich rasch zu einer der wichtigsten Schifffahrtsverbindungen weltweit. Teils sind es mächtig große Ozeanriesen, die wie von Geisterhand mitten durch die weiten Felder gleiten. Grund genug für uns, diese rund 100 km lange Passage einmal mit unseren E-Bikes zu verfolgen, am besten in zwei Etappen mit einer Übernachtung. Eines können wir garantieren: Langweilig wird es auf dieser Tour nie!

Steinzeitpark

Der Steinzeitpark wird auch Archäologisch-Ökologisches Zentrum Albersdorf genannt. Bereits seit Ende der 90er Jahre entsteht hier auf mehr als 40 ha eine steinzeitliche Kulturlandschaft wie vor 5.000 Jahren - überwiegend durch natürliche Prozesse. Auch eine Siedlung wurde rekonstruiert, die als Freilichtmuseum zu besichtigen ist.

Schleusen Brunsbüttel

Die Schleusen ermöglichen großen Schiffen, die unterschiedlichen Wasserstände sicher zu überwinden. Die beeindruckende Technik und die präzise Steuerung machen sie zu einem faszinierenden Beispiel moderner Ingenieurskunst.

Eisenbahn-Hochbrücke Rendsburg

Majestätisch erhebt sich die Brücke über das Wasser und beeindruckt durch ihre technische Raffinesse. Seit ihrer Fertigstellung im Jahr 1913 leitet sie Züge sicher über den Kanal. Mit der integrierten **Schwebefähre** bietet sie zusätzlich eine faszinierende Möglichkeit, Fußgänger und Fahrzeuge über das Wasser zu transportieren.

Leuchtturm Kiel-Holtenau

Der markante Leuchtturm leitet seit Jahrzehnten Schiffe sicher durch die Gewässer und ist ein wichtiger Orientierungspunkt für die Schifffahrt. Mit seiner charakteristischen Architektur ist er nicht nur funktional, sondern auch ein beliebtes Fotomotiv.

Scan den QR-Code &
hol Dir Deine Tour!

Länge: ca. 112 km, direkt am Kanal entlang ohne Abstecher, Streckentour ohne größere Steigungen meist über Radwege und Nebenstraßen. Sehr gute Rad-Wegweisung als Nord-Ostsee-Kanal.

Höhenmeter: 84 hm

Start: Schleuse Brunsbüttel

Ziel: Bahnhof Kiel

Empfohlen als Zwei-Tages-Tour, damit ein Akku pro Tag reicht.

2 AUF TRAUMPFADEN VON MEER ZU MEER

Der Kanal sorgte dafür, dass aus Brunsbüttel ein schmucker Fremdenverkehrsort wurde: An den Schleusen treffen wir viele Touristen, die sich das bunte Treiben auf dem Wasser ansehen. Und überall gibt es wunderbare Einkehrmöglichkeiten in Cafés und Restaurants.

Schon 1895 wurde in Brunsbüttel die erste **Schleusenanlage** eröffnet. Dieses Meisterwerk der Ingenieurskunst reichte bei dem Schiffsaufkommen und den immer größer werdenden Wasserfahrzeugen schon schnell nicht mehr aus. Inzwischen gibt es mehrere Schleusen, die bis zu 310 m lang und bis zu 45 m breit sind. Und selbst hier müssen sich einige Kapitäne „reinquetschen", was ein ganz besonderes Spektakel vom Land aus ist.

Los geht´s

an der Schleuse von Brunsbüttel, die wir vom Gustav.Meyer-Platz aus über die Koogstraße verlassen. Rechts in die Straße „Am Freizeitbad" hinein, am Lauf der Braake entlang und später rechts in die Westerbütteler Straße.

Nachdem wir einige Industrieanlagen umkurvt haben, gelangen wir durch Lehe und Blangenmoor ans Ufer des NOK. Nun ist ein „Verfransen" nahezu ausgeschlossen, denn wir folgen einfach dem (Dienst-) Weg, der den Kanal fast ununterbrochen begleitet. Nur ganz selten werden wir vom Ufer fortgeleitet. So rollen wir vorbei an Burg, Schafstedt, Albersdorf, Breiholz und Nübbel nach Rendsburg.

Immer im Blick

Unsere Tour wird begleitet von „dicken Pötten"

2

Nur ein paar Pedalumdrehungen trennen uns vom Luftkurort Burg (Dithmarschen). Burg verzückt uns mit einem sehenswerten historischen Ortskern, in dem auch die St. Petri-Kirche steht. Ein wenig außerhalb liegt der mit 65 m höchste Punkt in Dithmarschen. Wenn wir hier noch auf den Aussichtsturm steigen, haben wir eine phänomenale Aussicht. Wem das „zu hoch" ist, der unternimmt vielleicht eine Kahnfahrt, bei der wir uns wirklich vorkommen wie im Spreewald. Ihr gleitet lautlos durch die Burger Au, die es schon seit über 8.000 Jahren hier gibt.

Während wir gemütlich am Kanal entlang radeln und neben uns Schafe und Kühe auf den Weiden grasen, taucht vor uns das nächste Highlight auf – die **Hochdonn-Brücke**. Eine atemberaubende Stahlkonstruktion überspannt hier den Nord-Ostsee-Kanal und führt die Bahnen zweigleisig herüber. Ein Stückchen weiter können wir an dem kleinen Sandstrand ausruhen und entdecken, dass hier wirklich reger Zugverkehr stattfindet.

Die nächste beeindruckende Brückenkonstruktion lässt nicht lange auf sich warten: Bei Albersdorf rollen die PKW und LKW hoch über unseren Köpfen von einem Ufer zum anderen. Auf dem Weg vom Kanal nach Albersdorf liegt das Archäologisch-Ökologische Zentrum, in dem wir eine Reise in die Vorgeschichte unternehmen können.

Zeit für eine Pause? Dann wechselt ans nördliche Ufer, denn dort führt uns der Radweg direkt an der „längsten Bank der Welt" vorbei. Auf 575,75 m finden wir bestimmt ein schönes Plätzchen, wo wir unsere Brote verspeisen und das Geschehen auf dem Wasser beobachten können.

Dithmarschen

begeistert uns mit ländlicher Idylle

2

In Rendsburg ist die erste Sehenswürdigkeit nicht zu übersehen: Eine weitere Hochbrücke überspannt den Kanal – und was für eine: In zwei Jahren sorgten 350 Arbeiter dafür, dass dieser Koloss aus Stahl entstand, der mitsamt seinen Auffahrbrücken rund 7,5 km lang ist. Wer schwindelfrei ist, klettert hinauf zur 40 m hohen Aussichtsplattform. Wer nicht so hoch hinaus mag, nutzt die einzigartige **Schwebefähre**, die an vier Tragseilen hängt und seit 1913 permanent zwischen den Ufern pendelt. Auch einzigartig: Der Fahrplan wurde in der ganzen Zeit nie geändert!

Bevor wir die Fähre nutzen, müssen wir uns aber die Innenstadt von Rendsburg ansehen, wobei der Altstädter Markt nicht nur Name, sondern auch Programm ist. Das gilt auch für den weitläufigen Paradeplatz. An beiden Plätzen ist die Geschichte der alten Festungs- und Garnisonsstadt bestens zu erkennen: Zahlreiche historische Gebäude, unter ihnen auch das Historische Rathaus oder die St. Marien-Kirche ziehen unsere Blicke auf sich. Zur Erholung finden wir gleich mehrere Parks und schöne Flecken rund um die Obereider.

Weiter geht´s

von Rendsburg hinüber ans andere Ufer des NOK. Das können wir entweder schiebend durch den Fußgängertunnel oder wesentlich aufregender mit der Fähre unter der Hochbrücke erledigen. In Sehestedt wechseln wir auf das Nordufer, tangieren Großkönigsförde und bleiben bei Landwehr am nördlichen Ufer, bis wir Kiel erreichen. Wir überqueren den Kanal mit der Fähre, erreichen nach wenigen Pedaltritten die Förde und folgen dieser bis zur Hörnbrücke. Von hier ist es nur ein Katzensprung zum Bahnhof, wo die Tour endet.

Auf unserer Tour kommen wir durch Sehestedt, das einst durch den Kanal in zwei Teile getrennt wurde. Von hier sind es nur ein paar Minuten mit unseren E-Bikes zum Wittensee und zum Bistensee, die sich zu einer Abkühlung in den frischen Fluten eignen.

Bei Levensau erleben wir eine weitere der vielen Hochbrücken. Diese hier ist aber etwas Besonderes, denn in den Wintermonaten gibt es hier die europaweit größte Schlafgemeinschaft von Fledermäusen.

Der Kieler Ortsteil Holtenau ist das offizielle Ende des NOK – klar, dass wir uns noch den **historischen Leuchtturm** ansehen, bevor wir im quirligen Zentrum von Kiel unsere Reise beenden. Rund um die Förde sehen wir uns eine alte Klappbrücke an, um dann die City mit Rathaus und Oper zu bewundern. □

Historischer Leuchtturm Holtenau

Ohne Leuchttürme geht an der Küste gar nichts!

3

IM SCHATTEN DER WELLEN

Ostseeküstenradweg

Warnemünder Leuchtturm

Auf einem Fels in der Brandung

Windmühle Amanda

Die 32 m hohe Holländer-Windmühle in Kappeln ist die höchste des Landes.

Leuchtturm Schleimünde

Am Übergang von der Schlei zur Ostsee steht das maritime Wahrzeichen, das seit über einem Jahrhundert den Schiffen den Weg weist.

Kiel / Laboe Marinedenkmal

An der Küste erinnert ein imposantes Bauwerk an die gefallenen Seeleute der Weltkriege. Von der Aussichtsplattform bietet sich ein beeindruckender Blick über die Ostsee. Das Denkmal ist ein bedeutendes Mahnmal der deutschen Marinegeschichte.

IM SCHATTEN DER WELLEN

3

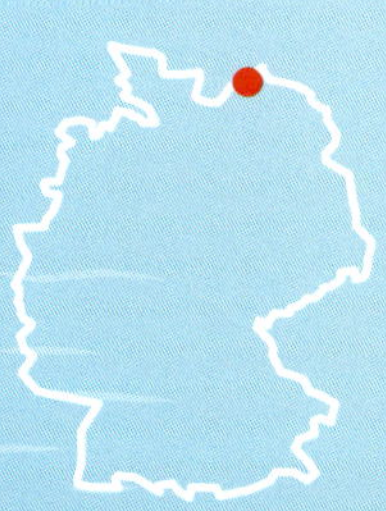

Der Ostseeküsten-Radweg erweist sich als „echter Europäer“: Wir beginnen an der dänischen Grenze, rollen entlang der wundervollen deutschen Küste und kommen an der polnischen Grenze an. Dazwischen liegen große Städte wie Flensburg, Kiel, Lübeck, Rostock oder Stralsund, aber auch viele kleine Ostseebäder, denen wir allen einen Besuch abstatten werden. Letztendlich werden es mehr 1.000 km sein, auf denen wir die abwechslungsreiche Küste kennenlernen. Strände, Bodden, Klippen, Steilküsten, alles hat seinen ganz eigenen Reiz.

Fehmarn: Fährhafen
Vom Hafen aus verkehren täglich Fähren nach Dänemark, die eine wichtige Verbindung zwischen Deutschland und Skandinavien darstellen.

Neustadt: Pagodenspeicher
Das einzigartige Dach des historischen Gebäudes erinnert an fernöstliche Pagoden, was ihm seinen Namen verleiht. Die Speicher dienten einst als Lagerhäuser für Waren aus Übersee und sind ein markantes Beispiel der hanseatischen Speicherarchitektur.

Länge: ca. 445 + 697 km (Schleswig-Holstein + Mecklenburg - Vorpommern) inkl. Insel Rügen, durchgehende, aber teils differierende Beschilderung. Einige kleinere Steigungen, auch der Wind ist mit einzuplanen. Die Route führt meist abseits des Straßenverkehrs über separate Rad- oder Feldwege. Einige Abschnitte führen über stärker befahrene Straßen und Sandwege.

Höhenmeter: 998 + 1497 hm

Start: Flensburg

Ziel: Ahlbeck

Aufteilung in mind. 15 Tagesetappen empfohlen, damit ein Akku pro Tag reicht

Scan den QR-Code & hol Dir Deine Tour!

Kühlungsborn

Prächtige Villen im Stil der Bäderarchitektur säumen die Strandpromenade und verleihen dem Ort einen nostalgischen Charme. Seit 1886 fährt die historische Dampfeisenbahn Molli durch die Küstenlandschaft und verbindet Kühlungsborn mit Bad Doberan. Mit dem unverwechselbaren Dampfpfeifen ist sie ein lebendiges Stück Geschichte und eine beliebte Attraktion.

Warnemünde

Die weitläufigen Strände sind ideal für lange Spaziergänge. Der Hafen ist ein Anlaufpunkt für Kreuzfahrtschiffe. Die beeindruckenden „schwimmenden Hotels", die dort vor Anker gehen, prägen das Bild des Hafens und ziehen viele Schaulustige an.

Travemünde

Das imposante Maritim Strandhotel bietet einen beeindruckenden Ausblick auf die Ostsee und ist ein markantes Wahrzeichen an der Küste. Es gilt außerdem als höchster Leuchtturm Europas!

Wismar

Die Stadt ist bekannt für ihre gut erhaltenen Backsteingebäude und die maritime Geschichte. Besonders beeindruckend ist das Wassertor, ein mittelalterliches Stadttor, das direkt am Hafen steht.

3

Darß

Feiner Sandstrand und unberührte Natur machen diese Halbinsel zu einem einzigartigen Ort. Die wilden Dünen und die umgestürzten Bäume verleihen der Küstenlandschaft eine raue, natürliche Schönheit. Besonders beliebt ist der Weststrand bei Wanderern und Naturfreunden, die hier Ruhe und Weite finden.

Rügen

Fast 300 km des Ostseeküstenradwegs verlaufen auf der Insel Rügen. Dieser haben wir in diesem Buch eine extra Tour gewidmet, die Du hinter dem Ostseeküstenradweg findest.

Raketenmuseum Peenemünde

Die Raketenentwicklung in den 40er Jahren in Peenemünde und ihre dunklen Hintergründe sollte sicher nicht zu den Menschheitsträumen gezählt werden. Schon eher das, was auch hier seinen Ursprung hatte: der Peenemünder Technische Leiter Wernher von Braun baute mehr als 20 Jahre später in den USA die Raketen, die die ersten Menschen zum Mond brachten.

3 IM SCHATTEN DER WELLEN

Tipp

Ein Flensburg-Besuch ist nicht komplett ohne Spickaale und Flensburger Rum zu verkosten. Am stilvollsten geht das in den Höfen am Südermarkt. Mehr über Hochprozentiges erfahren wir im einzigartigen Rum-Museum. Kennen Sie die Comic-Figur „Werner"? Der ist auch hier oben zuhause und genießt gerne „Flens". Das süffige Bier wird noch in Bierflaschen mit „Brömpel" angeboten... Was das nun wieder ist, finden Sie am Besten selbst heraus.

Flensburg ist mehr – nein, viel mehr – als nur der Sitz der deutschen Verkehrssünderdatei. Fjordartig gräbt sich die Ostsee tief ins Landesinnere – am Ende erhebt sich die Flensburger Innenstadt malerisch über dem Wasser – gekrönt von der Kirche St. Nicolai mit seiner bekannten Rennaissance-Orgel. Die Kirche dient als Ausgangspunkt für die Stadterkundung, die über die Straßenzüge Holm, Große Straße und Norderstraße führt. Wer die prunkvollen Handelshöfe und Patrizierhäuser bestaunt hat, kann den hiesigen Tieren und Pflanzen im Naturwissenschaftlichen Museum auf die Spur kommen.

Flensburg ohne Wasser? Geht gar nicht! Also hinunter zum Museumshafen, in dem wir herrliche alte Segelschiffe bewundern können. Kleiner, aber nicht minder interessant sind die Modelle im benachbarten Schifffahrtsmuseum.

Flensburg

Schöner als hier, mitten auf der Flensburger Förde, können wir kaum einkehren

Los geht´s

an der dänischen Grenze oder am Flensburger Hafen. Teils mit Steigungen, aber auch mit Aussicht auf die Flensburger Börde radeln wir an Glücksburg vorbei. Gelting, Kronsgaard, Kappeln, Damp, Waabs, Eckernförde und Strande sind unsere Stationen, bis wir die Metropole Kiel erreichen.

„Gott gebe Glück und Frieden" war das Motto des dänischen Herzogs Johann des Jüngeren. Und so gab er der Wasserburg, die er bis 1587 errichten ließ, den Namen **Schloss Glücksburg**. Noch heute wohnen seine Nachfahren in dieser Anlage, die ohne Frage als eine der schönsten Wasserburgen Deutschlands bezeichnet werden kann. Im Schlosspark finden wir im Rosarium über 500 Rosenarten und eine säulenbestandene Orangerie.

3

Schloss Glücksburg ist eine echte Augenweide

Hinter Glücksburg können wir einen Abstecher auf die Halbinsel Holnis unternehmen. Von dort schauen wir über die Förde bis ins dänische Broager Land, während das Kliff unter uns 20 m tief abfällt.

Im Luft- und Kneippkurort Gelting können wir das Herrenhaus mit Wassergraben und die Dorfkirche aus Backstein besuchen. Die 32 m hohe **Holländer-Windmühle „Amanda"** in Kappeln ist die höchste des Landes. Ebenfalls weit sichtbar sind die Nikolaikirche und die drei Schornsteine der Aalräucherei Föh.

Tipp
Leckeren Fisch können wir in der Aalräucherei Föh in Kappeln genießen – die drei Schornsteine weisen uns zuverlässig den Weg dorthin. Auch in Eckernförde gibt es guten Fisch frisch aus einer der Räuchereien.

Wir radeln ganz nah am Schwansener See vorbei. Der war einst eine Ostseebucht, die zwar inzwischen durch Sand- und Gesteinsmaterial von der Ostsee getrennt ist, aber immer noch salziges Wasser führt.
Eine tolle Altstadt finden wir in Eckernförde. Zu ihr gehören viele historische Fachwerk- und Bürgerhäuser sowie das Rathaus.

Kiel ist die Landeshauptstadt Schleswig-Holsteins und bildet zugleich das Ende der Kieler Förde, die mit Fug und rechts als Fjord bezeichnet werden darf. Schon im 13. Jahrhundert wurde hier die Stadt erbaut, deren Blütezeit 1865 kam, als die preußische Flotte hierher verlegt und 30 Jahre später der Kanal eröffnet wurde.

In Kiel können wir uns lange aufhalten, denn es gibt viel zu sehen. Rund um den Alten Markt mit seiner Nikolaikirche erstreckt sich eine sehens-

werte Altstadt. Die langgezogene Fußgängerzone lädt zum Shoppen und Schlemmen ein. Etwas außerhalb liegt Schilksee am Nordufer der Förde. Das Olympia-Zentrum von 1972, das Meerwasser-Hallenbad und der quirlige Yachthafen machen diesen Ausflug lohnenswert.

Das Kieler Rathaus

grüßt die Seereisenden

Weiter geht´s

von Kiel an der Förde entlang nach Laboe. Mit tollem Meerblick radeln wir durch kleine Dörfer, unter ihnen wohlklingende Namen wie Kalifornien, Brasilien oder Holland. Behrensdorf, Hohwacht, Oldenburg i.H. und Heiligenhafen geleiten uns auf dem Weg zur Fehmarnsundbrücke. Nach einer „großen Runde" über Fehmarn rollen wir via Heringsdorf, Kellenhusen und Grömitz hinunter nach Neustadt i.H. und weiter über Sierksdorf, Scharbeutz und Timmendorfer Strand nach Travemünde. Dort endet der erste Teil unserer Reise, die 445 km Ostseeküstenradweg in Schleswig-Holstein.

3

Die Fehmarnsundbrücke
geleitet uns auf die völlig ebene Insel

3

Das Marine-Denkmal
in Laboe ist ein Mahnmal für die friedliche Seefahrt auf freien Meeren

Am „anderen Ende" der Förde können wir in Laboe ein echtes Ostseebad bewundern. Neben alten Gebäuden und Kureinrichtungen gilt es hier, mit dem Fahrstuhl auf die 72 m hohe **Aussichtsplattform des Marine-Denkmals** zu fahren, das den gefallenen Marine-Soldaten der Kriege gedenkt. Von hier oben haben wir eine tolle Aussicht über die Kieler Förde und den Dänischen Wohld, über den wir zuvor geradelt sind. Direkt gegenüber liegt das Unterseeboot U 996 „auf dem Trockenen". Eine Besichtigung macht deutlich, unter welch beschwerlichen Umständen die Soldaten damals an Bord ihren Dienst verrichten mussten.

Bis zu 17 m hoch ist die Steilküste bei Hohwacht, darunter erstreckt sich ein 4 km langer Strand, was es zu einem idealen Urlaubsort macht. Die Dünen im Naturschutzgebiet Weißenhäuser Brök sind bis zu 6 m hoch, so hoch wie nirgendwo anders in der Gegend.

Tief in die Vergangenheit tauchen wir in Oldenburg in Holstein ein. Um 700 errichteten die Slawen eine Burganlage, von der noch heute der sogenannte **Oldenburger Wall** erhalten ist. Wir treffen auf unseren „Vizelin", der hier als Missionar tätig war. Schließlich wurde Oldenburg i.H. für einige Zeit Bischofssitz. Zu dieser Zeit entstand auch die St.-Johannis-Kirche, die als erste große Backsteinkirche Nordeuropas gilt.

Auf unserer weiteren Tour entlang der Küste kommen wir durch namhafte Badeorte wie Kellenhusen, Dahme oder Grömitz. Städtischer wird es wieder in Neustadt i.H., das 1226 von Graf Adolf VI gegründet wurde, um einen Gegenpol zu Lübeck zu schaffen. Das gelang zwar nicht, allerdings entwickelte sich ein schmucker Ort, der u.a. ein spannendes Hafenbecken und einen alten **Pagodenspeicher** zu bieten hat.

Auf unseren letzten Metern vor Travemünde passieren wir die traumhafte Hermannshöhe, ein gut befahrbarer Steilküstenabschnitt mit herrlicher Aussicht. Travemünde wurde schon 1187 gegründet, seit 1802 spricht man von einem Seebad. Das Wahrzeichen, der **Leuchtturm**, weist

schon seit 1539 den Schiffen ihren Weg. Genau genommen übernimmt das nun das Leuchtfeuer auf dem Hotel Maritim, das damit als höchster Leuchtturm Europas gilt. Berühmt ist auch das gegenüber vor Anker liegende Segelschiff Passat.

Weiter geht´s

von Travemünde auf die nächsten fast 700 km Ostseeküstenradweg in Mecklenburg-Vorpommern, zunächst nach Boltenhagen und Wismar. Auch die nächsten Stationen sind Orte mit klangvollen Namen, wie Rerik, Kühlungsborn oder Warnemünde, ehe die Hansestadt Rostock erreicht wird.

Auch Boltenhagen hat eine rund 200 Jahre alte Tradition als Ostseeheilbad, während **Wismar** durch die Hanse Ruhm erlangte. Für Wismar brauchen wir ordentlich Zeit, denn die **Altstadt** ist nicht umsonst UNESCO-Kulturerbe. Hier können wir über 300 denkmalgeschützte Häuser finden, die rund um den Marktplatz besonders schön anzusehen sind.

Wismar
bedeutet Historie an jeder Straßenecke und -brücke

3

Kühlungsborn

Tipp

Ein kurzer Abstecher führt uns von Boltenhagen ins Landesinnere nach Klütz. Hier steht Schloss Bothmer, bei dem sowohl im Gebäude als auch in den Gärten barocke Träume verwirklicht wurden. Es ist die größte Anlage ihrer Art in Mecklenburg.

Wie viele andere Orte entlang der Küste, so ist auch Kühlungsborn ein bekanntes Seebad. Zu DDR-Zeiten war diese „grüne Stadt am Meer" das größte Ostseebad. Noch heute können wir einmal die Räder bewegen, ohne in die Pedale zu treten – die **Schmalspurbahn Molli** nimmt uns inklusive Rädern gerne mit nach Bad Doberan.

In Heiligendamm haben wir das erste Seebad erreicht, das es je in Deutschland gab. Klar, dass wir uns auch das säulengeschmückte Kurhaus ansehen.

Warnemünde ist schon ein Stadtteil von Rostock. Hier sollten wir uns den 37 m hohen Leuchtturm und Meyer´s Mühle von 1866 ansehen. Wer mag, kürzt bei Warnemünde mit der Fähre ab. Der verpasst aber die herrliche Altstadt von Rostock mit dem Steintor, dem Stadthafen, der Petri, der Marien- und der Nikolaikirche. Wer es lieber naturverbundener mag, besucht den Zoo oder den botanischen Garten.

Warnemünde
Der „Teepott" lugt aus dem Strand

3

Darß

Traumhafte und endlose Strände erwarten uns hier

Weiter geht´s

von Rostock via Ahrenshoop und Zingst nach Stralsund. Nach einer großen Rundfahrt auf Rügen (siehe die folgende Tour) rollen wir über Greifswald und Wolgast auf die Insel Usedom, wo bei Ahlbeck unsere Ostseetour endet.

Erholung und Sehenswertes finden wir in den Ostseebädern. Ebenso unberührte Natur, während wir über den Darß fahren, wo es sogar noch einen Urwald gibt. Mit **Stralsund** haben wir die nächste Hansestadt erreicht. Trotz großer Zerstörungen im 2. Weltkrieg sind so viele alte Gebäude erhalten geblieben, dass die **Altstadt** zum Weltkulturerbe deklariert wurde. Wer mag, kann sich die 476 denkmalgeschützten Bauten ansehen.

Landschaftliche Vielfalt, interessante alte Städte und Orte, stolze Landsitze und vieles mehr ziehen seit vielen Jahrzehnten die Gäste auf die Insel Rügen. Sie sollten sich viel Zeit nehmen für die große Rundtour auf der Insel, denn es gibt wirklich viel zu sehen: die folgende Tour nach dem Ostseeküstenradweg ist deshalb noch einmal extra nur Rügen gewidmet. Auf unserem weiteren Weg führt ein Abstecher nach **Peenemünde**, wo sich einst die **Heeresversuchsanstalt** von Wernher von Braun befand.

Eine 10 km lange Strandpromenade bildet den würdevollen Abschluss unserer Ostsee-Tour. Auf der einen Seite das blaue Meer, auf der anderen Seite Bäderarchitektur, dazu die 508 m lange Seebrücke von Heringsdorf, was wollen wir mehr? Entspannung? Nun, die finden wir in der Ostseetherme Usedom! □

Ahlbeck

Bäderarchitektur in Perfektion: Die Ahlbecker Seebrücke

4

DIE KÖNIGIN DER OSTSEE

Rundtour von Stralsund um die Insel Rügen

Die Kreidefelsen

Die weißen Klippen sind das Wahrzeichen von Rügen

4 DIE KÖNIGIN DER OSTSEE

Die größte Insel Deutschlands ist DER Touristenmagnet an der Ostsee. Bei unserer Rad-Runde werden wir nicht nur die wunderschönen Badeorte und die weltberühmten Kreidefelsen besuchen, sondern auch kleine, verträumte Ortschaften und herrliche ruhige Natur durchfahren!

Länge: ca. 293 km, durchgehende Beschilderung als Rügen Rundweg. Wenige, kurze Steigungen, meist auf separaten Rad- und Feldwegen.

Höhenmeter: 733 hm **Start / Ziel:** Bahnhof Stralsund

Aufteilung in mindestens vier Etappen empfohlen, damit ein Akku pro Tag reicht

Stralsund

Von der reichen Hansezeit zeugen die prächtigen Fassaden der historischen Gebäude, allen voran das beeindruckende Rathaus mit seiner gotischen Architektur.

Scan den QR-Code & hol Dir Deine Tour!

Kreidefelsen

Die markanten weißen Klippen erheben sich majestätisch über die Ostsee und bieten einen atemberaubenden Anblick. Ihre einzigartige Form und Farbe inspirierten schon Künstler wie Caspar David Friedrich und ziehen jedes Jahr zahlreiche Besucher an.

Prora

Das gigantische Bauwerk wurde ursprünglich als Seebad für Tausende von Urlaubern geplant und später für verschiedene Zwecke umfunktioniert. Heute dient es teilweise als Museum, Ferienanlage und Erinnerungsort an die Geschichte des Nationalsozialismus.

4 DIE KÖNIGIN DER OSTSEE

Stralsund ist ein Traum aus Backstein. Allein die **Schaufassade des Alten Rathauses**, dessen älteste Teile aus dem 13. Jh. stammen, lässt erahnen, wie wohlhabend die Stadt einst war. Reiche Kaufleute gönnten sich farbenfrohe Giebelhäuser und ließen stolze Gotteshäuser wie die Marienkirche, die St. Nikolai- oder die St. Jakobikirche erbauen. Und weil alles so schön ist, stellte die UNESCO 2002 kurzerhand die komplette Altstadt als Weltkulturerbe unter Schutz. Wer Wissensdurst verspürt, besucht das Deutsche Meeresmuseum, die Stralsunder Spielkartenfabrik, die Gorch Fock, den Zoo, oder das Stralsund Museum.

Los geht's

in Stralsund am Bahnhof, wo wir direkt den Schildern „Ostseeküstenradweg" folgen, neben der Bahn her über den Damm rollen und Altefähr auf Rügen erreichen. Kurz nach dem Ort biegen wir links ab von der Straße. Den Schildern „Rügen Rundweg" folgend passieren wir Rambin, Groß Kubitz, Gingst, Trent, Schaprode und Vaschvitz, ehe wir die Wittower Fähre erreichen. Direkt am Wieker Bodden entlang radeln wir via Wiek, Dranske, Kap Arkona und Breege nach Glowe. Nun fahren wir durch´s Landesinnere und haben bei Bobbin, hinter Neddesitz und hinter Lohme jeweils einige kleinere Steigungen zu verkraften. Zur Belohnung kommen wir am berühmten Königsstuhl vorbei. Im Zickzack durch den Wald erreichen wir Sassnitz.

Der Rügendamm bringt uns auf die 926 km² große Insel. Einen tollen Blick auf die Hansestadt Stralsund haben wir von Altefähr aus, das uns mit einem kleinen Hafen und der Dorfkirche empfängt.

Tipp

Über den ganzen Sommer hinweg ist in Stralsund etwas los, wie z.B. im Juli beim Sundschwimmen, beim Hafenfestival oder bei den Wallsteintagen. Der August hat mit dem „Seglarträff" ein maritimes und mit den Orgeltagen ein musikalisches Highlight.

Stralsund
Schwungvoll geht´s über den Strelasund nach Rügen

4

Bei Mursewiek können wir entscheiden, ob wir direkt weiter nach Gingst radeln oder eine rund 15 km lange Runde über die Insel Ummanz drehen, die wir über eine Brücke erreichen. Komplett eben und mit Deichen gegen Wasser geschützt ist Ummanz eine der am dünnsten besiedelten Regionen Norddeutschlands. Außer uns genießen das vor allem Schafe, Rinder, Haflinger und Vögel. Im Dorf Gingst waren einst 33 Handwerker ansässig. Mehr darüber erfahren wir in den Historischen Handwerkerstuben.

Kap Arkona ist ungeheuer beeindruckend: 46 m über dem tosenden Meer stehen auf einem steilen Kreideplateau zwei Leuchttürme und ein Peilturm. Kaum jemand, der hier nicht ins Schwärmen gerät.

Nur wenige Pedaltritte weiter kommen wir an Vitt vorbei, das als eines der schönsten Inseldörfer gilt. Vorbei an Schloss Spycker kommen nun ein paar kleinere „Bergwertungen", die aber mit wundervoller Natur entschädigen, welche sich am **Nationalparkzentrum Königsstuhl** zu einer theaterreifen Kulisse aufbaut. Bis zu 117 m hoch sind die strahlend weißen Kreidefelsen oberhalb der Ostsee. Der **Nationalpark Jasmund**, durch den wir hier radeln, ist das kleinste Schutzgebiet Deutschlands. Schilder verführen zu einem Abstecher zum **Wissower Klinken**, der tolle Aussichten auf die Klippen bereit hält, aber deutlich weniger besucht wird, als der Königsstuhl. Sassnitz bietet eine Fülle von Einkehrmöglichkeiten und Sehenswertem, wie dem ab 1889 erbauten Hafen, der den steinigen Strand ersetzte. Hier haben wir die Wahl zwischen Fischerei- und Hafenmuseum, U-Boot-Museum und Museum für Unterwasserarchäologie. Spannend ist auch das geschäftige Treiben im Fährhafen im benachbarten **Neu Mukran**.

Kap Arkona

Hier wacht der Leuchtturm 43 m oberhalb der Steilküste

4

Weiter geht's

von Sassnitz neben der Bahn entlang nach Binz. Am Ufer des Schmachter Sees vorbei gelangen wir mit einer weiteren Steigung via Sellin, Göhren, Middelhagen und Vilmnitz nach Putbus. Dann radeln wir durch das Landesinnere via Garz, Neparmitz, Poseritz, Venzvitz und Gustow wieder zum Damm bei Altefähr, der uns zurück nach Stralsund bringt, wo die Tour am Bahnhof endet.

Tipp

Wer so richtig stilvoll abkürzen mag, steigt in Göhren in den „Rasenden Roland". Die inzwischen denkmalgeschützte Kleinbahn bringt uns lustig dampfend und schnaubend in 89 Minuten nach Putbus.

Wir kommen an **Prora** mit dem 1936 bis 1939 erbauten KdF-Seebad Rügen vorbei. Die Organisation „Kraft durch Freude" schaffte es wegen des Zweiten Weltkrieges nicht, dieses klotzige Projekt fertigzustellen. So entstanden „nur" fünf der acht geplanten identischen Häuserblocks, die sich ursprünglich über 4,5 km lang an der Küste ziehen und organisierten Urlaub für bis zu 20.000 Menschen bieten sollte.

Völlig anders ist das Bild, was uns in Binz erwartet: Strahlend weiße Prachtvillen, Luxushotels, und Pensionen ergeben eine einzigartige Bäderarchitektur. Wer sich losreißen kann, besucht das Fälschermuseum, das Historische Binz-Museum oder den Park der Sinne.

Deutlich ruhiger wird es, wenn wir am Ufer des Schmachter Sees entlang und hinauf in den Forst Werder radeln. Ein kleiner Abstecher führt zum sehenswerten Jagdschloss Granitz mit seinen vielen Türmen.

Sellin

Auch hier flanieren wir über eine Seebrücke auf´s Meer

Mit Sellin und Göhren erreichen wir die nächsten mondänen Seebäder – selbstverständlich auch mit der strahlend weißen Bäderarchitektur und Seebrücke.

Unser Radweg tangiert den Neuensteiner See, den Kommunalhafen Lauterbach und erreicht Putbus, die als „weiße Stadt auf Rügen" bezeichnet wird. Damit ist auch schon klar, welches die vorherrschende Farbe an den tollen Häusern hier ist. Besonders sehenswert sind der Markt mit dem Rathaus und der Schlosspark mit Orangerie, Marstall und Affenhaus.
Wir kommen vorbei am Tamsenberg und am Kanonenberg und erreichen Garz. Im Jahre 1317 erhielt der Ort unter Witzlaw IV. als erster Ort der ganzen Insel das Stadtrecht. □

Prora
schwindelerregendes „Adlerhorst"
am Baumwipfelpfad

5 EIN TRAUM IN LILA

Von Walsrode nach Celle

In der Lüneburger Heide
erwarten uns unglaubliche Farbspiele

Vogelpark Walsrode

Im Park leben über 4000 Vögel aus verschiedenen Regionen der Welt, was ihn zu einem der größten Vogelparks weltweit macht. Besonders beeindruckend sind die Freiflugshows, bei denen Besucher exotische Vögel hautnah erleben können.

Sandheide

In der Blütezeit verwandelt sich die Landschaft in ein Meer aus lila Sandheide, das typisch für die Region ist. Die Heidschnucken, eine alte, widerstandsfähige Schafrasse aus den Heidegebieten Norddeutschlands, prägen das Bild und tragen zur Pflege der Heideflächen bei.

Serengeti Park Hodenhagen

In einem weitläufigen Gelände begegnen Besucher exotischen Tieren wie Löwen und Elefanten hautnah, während sie mit dem Auto oder Bus durch die Landschaften fahren. Besonders faszinierend sind die Giraffen, die oft neugierig an den Fahrzeugen vorbeischreiten.

EIN TRAUM IN LILA 5

Es sind „nur“ 78 Kilometer auf dieser Streckentour zu radeln – und doch kann es „eng“ werden mit der Zeit, denn es gibt unglaublich viel zu entdecken: Unser Start-Ort Walsrode empfängt uns mit einem stillen Klostersee und umliegendem Garten, bevor es beim Besuch des Vogelparks oder später beim Besuch des Safariparks deutlich wilder zugeht. In Celle schwelgen wir in Fachwerk- Träumen und haben in der einladenden Fußgängerzone genug Gelegenheit, den Kalorienhaushalt wieder aufzufüllen.

Länge: ca. 78 km, gute, regionale Radweg-Beschilderung sowie teils Beschilderung als Aller-Radweg. Die Route führt meist über separate Rad- und Feldwege bzw. auf wenig befahrenen Nebenstraßen.

Höhenmeter: 75 hm

Start: Bahnhof Walsrode

Ziel: Bahnhof Celle

Ein Akku ausreichend

Scan den QR-Code & hol Dir Deine Tour!

24h-Museum

Nachts zeigt sich das Museum in einem besonderen Licht, da der Kubus seine Farben wechselt und die Umgebung erhellt. Die moderne Architektur bildet einen spannenden Kontrast zur historischen Altstadt.

Bomann-Museum

Im Museum wird die regionale Geschichte und Kultur der Stadt anschaulich präsentiert. Besonders sehenswert sind die Ausstellungen zu Volkskunde, Stadtgeschichte und historischen Handwerkskünsten.

5

EIN TRAUM IN LILA

Der wundervolle Klostersee ist die stille Oase von unserem Start-Ort Walsrode. Er liegt an einem der sogenannten „Lüneburger Heideklöster", wo ein Frauenkloster in ein evangelisches Damenstift umgewandelt wurde. In der Stiftskapelle finden wir auch das älteste Werk im Kloster, eine Holzfigur von etwa 1300. Es zeigt Graf Walo, der das Kloster 986 stiftete.

In Farbe finden wir den Grafen im Alten Rathaus wieder, hier als Buntglasbild. Ganz in der Nähe entdecken wir auch den berühmten Sohn der Stadt: Hermann Löns wurde hier in Tracht mit Hund und Fernglas in Bronze gegossen.

Tipp

Auf dem Pflichtprogramm steht ein Abstecher zum bekannten **Vogelpark Walsrode**. Im größten Vogelpark der Welt können wir mehr als 750 verschiedene Vogelarten, aber auch Flugdarbietungen, Papageienhaus, Aufzuchtstation, Streichelzoo und begehbare Flughallen bestaunen. Es sind wohl über 5.000 „komische Vögel", die wir teils ohne Netze oder Gitter und hautnah kennen lernen dürfen.

Etwas abseits der Stadt liegt das Heidemuseum „Rischmannshof", eines der ältesten deutschen Freilichtmuseen. Es handelt sich um eine typische Hofanlage, die sich um das Zweiständer-Niedersachsenhaus von 1798 herum gruppiert.

Ebenfalls außerhalb liegt das Naturschutzgebiet „Grundloses Moor". Auf über 100 Morgen gibt es Schutz für zahlreiche vom Aussterben bedrohte Tier- und Pflanzenarten. Ein anderer Abstecher führt zum Grabmal des „Dichters der Lüneburger Heide", Hermann Löns. Im Jahre 1934 wurden die sterblichen Überreste des 20 Jahre zuvor in Frankreich gefallenen Dichters überführt und hier im Wacholderhain beigesetzt.

Los geht's

am Bahnhof von Walsrode, den wir nach links und direkt wieder links über die Schienen hinweg verlassen. Die gute regionale Radweg-Beschilderung weist uns den Weg über sanfte Hügel durch Honerdingen, Tietlingen, Bad Fallingbostel und Düshorn nach Hodenhagen.

Grundloses Moor

Drollige Heidschnucken und stolze Reethäuser – das ist die Lüneburger Heide!

5

Mit dem Titel „Bad" wurde Fallingbostel erst am 31.08.2002 geadelt. Der Beiname war überfällig, denn schon lange Zeit war die über 1.000 Jahre alte Stadt anerkannter Luftkur- und Kneippkurort. Vom Rathaus verführen uns die Schilder zu einem Abstecher in den Kurpark. Nicht übersehbar liegt vor uns auf einem Hügel die Kirche St. Dionysius von 1830. Die Eisenglocken davor zeugen davon, dass die Bronzeglocken im 2.Weltkrieg abgegeben werden mussten.

Auf unserem Weg müssen wir der Düshorner Kirche einen Besuch abstatten. An dieser Stelle wurde schon 1021 eine Kirche erwähnt, doch dürfte es hier zu dieser Zeit bereits seit längerem einen Ort mit Gotteshaus gegeben haben. Nach mehreren Erneuerungen und Erweiterungen entstand das heute zu sehende Ensemble mit einem abseits stehenden Holz-Kirchturm, der nach einem Brand 1824 erbaut wurde.

Weiter geht´s

von Hodenhagen über die Aller hinweg nach Ahlden. Nun helfen uns auch die Schilder des Aller-Radwegs, damit wir die Route via Südwinsen nach Celle finden. Dabei rollen wir durch Büchten, Grethem, Bothmer, Schwarmstedt, Marklendorf, Jeversen, vorbei an Hornbostel, Südwinsen, Oldau und Hambüren I. Einmal in Celle angekommen, gelangen wir den Schildern folgend rasch zum Bahnhof, wo unsere Tour endet.

Das schmucke Rathaus markiert die Ortsmitte von Schwarmstedt. Schön anzusehen sind auch die Kirche St. Laurentius und das gleich gegenüber stehende Fachwerkhaus aus dem Jahre 1784.

Celle ist unglaublich schön – es bietet so viel Abwechslung und Sehenswertes, dass die Zeit im Nu verfliegt. Das erste Ziel der meisten Gäste ist das großartige Herzogschloss mit seiner reichen ausgestatteten Schlosskapelle. Die wurde im Laufe der Jahrhunderte mehrfach umgestaltet, so dass uns heute ein interessanter Mix erwartet.

Ganz in der Nähe liegen das alte Reithaus, das Bomann-Museum, in dem Landesgeschichte und die Geschichte der Stadt lebendig werden und das „Erste **24-Stunden-Museum** der Welt", das zu jeder Tages- und Nachtzeit Begegnungen mit moderner und zeitgenössischer Kunst ermöglicht. Hier beginnt auch die Fußgängerzone, die uns zur wundervollen Altstadt geleitet. Rund um die 1308 geweihten Stadtkirche St. Marien kommen Fachwerk-Fans voll auf ihre Kosten – die meisten Häuser sind prächtig in Schuss! Ansehen müssen wir uns auch noch das Rathaus im Stile der Weserrenaissance, das Schützenmuseum, das Hoppener Haus und die älteste niedersächsische Fachwerksynagoge. □

Tipp

Weit über die Landesgrenzen hinaus bekannt ist der **Safaripark Hodenhagen**. Wir parken die Räder draußen und nutzen einen der großen Busse, um die wilden Tiere wie Elefanten, Zebras, Löwen, Nashörner oder Affen aus der Nähe zu beobachten. Es ist auch möglich, mit einem kleineren Safariwagen zu fahren – diese rasen querfeldein und halten zudem weitere Überraschungen parat.

Die Altstadt von Celle
verwöhnt uns mit perfekt erhaltenen Fachwerk-Fassaden

6

DURCH DAS LAND DER 100 SCHLÖSSER

Rundtour von Münster über Havixbeck und Altenberge

Erbdrostenhof Münster
Einziehen und wohlfühlen oder lieber nur besuchen und staunen?

6 DURCH DAS LAND DER 100 SCHLÖSSER

Länge: ca. 63 km, teils Beschilderung als 100-Schlösser-Route. Die Route führt meist über separate Rad- und Feldwege bzw. auf wenig befahrenen Nebenstraßen.

Höhenmeter: 146 hm

Start und Ziel: Hbf Münster

Ein Akku ausreichend

Burg Hülshoff

Eingebettet in eine idyllische Parklandschaft erhebt sich das historische Anwesen, das durch seine beeindruckende Architektur und romantische Atmosphäre besticht. Der Geburtsort von Annette von Droste-Hülshoff ist gemeinsam mit der Dichterin auf dem ehemaligen 20-DM-Schein abgebildet.

Haus Havixbeck

Ein prächtiges Herrenhaus, umgeben von weitläufigen Parkanlagen, strahlt historischen Charme und Würde aus. Die beeindruckende Architektur und die gepflegten Gärten lassen Besucher in die Eleganz vergangener Epochen eintauchen.

Die Radler-Metropole Münster ist prädestiniert für den Start- und Zielort einer umfassenden E-Bike-Tour durch das Umland. Wer sich von den herausragenden Sehenswürdigkeiten Münsters losreißen kann, freut sich auf beste Radwege, die meist dem Logo des 100-Schlösser-Radwegs folgen. Gleich mehrere dieser Prachtbauten werden wir auf unserer Runde mit nur wenigen Steigungen in Augenschein nehmen können, so dass Kurzweil garantiert ist.

Schloss Münster

Das barocke Schloss thront majestätisch inmitten einer lebendigen Universitätsstadt und spiegelt ihre traditionsreiche Geschichte wider. Umgeben von weitläufigen Grünflächen und gepflegten Gärten, lädt es zum Verweilen und Entdecken ein.

Scan den QR-Code & hol Dir Deine Tour!

6 DURCH DAS LAND DER 100 SCHLÖSSER

Unser Start- und Zielort Münster gilt als DIE Radfahrer-Hochburg Deutschlands. Gleich zu Beginn unserer Tour bekommen wir einen guten Eindruck davon, warum das so ist, denn wir rollen mit vielen anderen Radlern auf der 4,5 km langen Promenade, die sich wie ein grünes Band um die Innenstadt legt. Einst befand sich hier die Stadtbefestigung, heute ist hier eine perfekte Rad-Trasse entstanden.

Tipp
Ein Münster-Besuch ist nicht komplett ohne eine Visite im Friedenssaal des Rathauses, denn hier fanden zwischen 1643 und 1648 die Verhandlungen zum Westfälischen Frieden statt, der den 30-jährigen Krieg beendete.

Von hier ist es nur ein Katzensprung zu den weithin bekannten Sehenswürdigkeiten Münsters, allen voran der Prinzipalmarkt mit wunderbaren historischen Giebelhäusern, die mit Bogengängen miteinander verbunden sind. Gleich nebenan ragt die Lambertikirche empor, die einst von den Kaufleuten als „Gegenkirche" zum bischöflichen Dom finanziert wurde. Beachten müssen wir die drei Körbe am Turm, in denen einst die „Wiedertäufer" nach ihrem Tod aufgehängt und den Vögeln zum Fraß vorgeworfen wurden.
Der St.-Paulus-Dom hingegen war so etwas wie die Keimzelle der Stadt und entsprechend mächtig ist auch seine Erscheinung. Im Innern müssen wir uns die Astronomische Uhr im Chorumgang ansehen.

Zu den weiteren sehenswerten Gotteshäusern Münsters zählen die Überwasser-, die Dominikaner- und die Clemenskirche. Doch auch das Schloss dürfen wir uns nicht entgehen lassen. Der prachtvolle Barockbau liegt direkt auf unserem Rückweg, so dass auch das Ende der Tour noch ein Highlight zu bieten hat.

Los geht's

am Hauptbahnhof von Münster, den wir geradeaus über die Windthorststraße verlassen. Nach wenigen Metern treffen wir auf den Radweg der Promenade, der wir nach links folgen. Diese bringt uns zielsicher zum Aasee, den wir gegen den Uhrzeigersinn halb umrunden. Hinter dem Allwetterzoo zweigen wir rechts ab und radeln via Roxel, Haus Vögeding, Burg Hülshoff und Herkentrup nach Havixbeck.

Wie erwähnt, radeln wir zu Beginn der Radtour über die Allee der Promenade, die allerdings auch meist stark von Radlern frequentiert ist.
So gelangen wir zum Ufer des Aasees, der ein ideales Naherholungsgebiet mitten in der Stadt ist. Wer mag, kann auf das Paddelboot umsteigen, oder sich im Allwetterzoo putzigen Tieren widmen. Die aber sind so drollig,

Münster
„Schöner studieren" an der Uni Münster

Tipp
Wer erfahren möchte, woher das Baumaterial für die prachtvollen Kirchen und Schlösser der Region stammt, besucht das Baumberger Sandsteinmuseum. Hier können wir das Material nicht nur „fühlen", sondern auch selbst bearbeiten.

dass eine Weiterfahrt der Tour bestimmt kaum noch möglich sein wird. Als erste Station auf unserer Tour entlang der 100-Schlösser-Route erreichen wir Haus Vögeding, dessen erhaltene Teile noch aus dem 16. Jh. stammen. Da sich das Anwesen in Privathand befindet, bleibt uns nur die tolle Sicht auf den Rundturm und das Brauhaus, das von einer Gräfte umflossen ist.

Dann wird´s nicht nur poetisch, sondern auch wunderschön: Wir kommen zur **Burg Hülshoff**, in der Anette von Droste-Hülshoff am 10.01.1797 geboren wurde. Rund 30 Jahre lebte die größte Dichterin Westfalens in der stolzen Wasserburg. Für ihre Lyrik wurde sie sogar auf dem 20-DM-Schein verewigt. Die Gebäude stehen auf drei Inseln, die durch Brücken verbunden sind – und alles ist in einen bunten Garten eingebettet.

Wie war das? 100-Schlösser-Route? Na klar, das passt schon, denn nach nur wenigen Radel-Minuten entdecken wir Haus Havixbeck, eine dreiflügelige Schlossanlage im Stile der Renaissance und drumherum einen englischen Landschaftspark. Die Inhaber möchten unter sich bleiben, und daher besuchen wir die Pfarrkirche St. Dionysos in der Stadt, die aus Sandstein erbaut wurde.

Weiter geht´s

von Havixbeck über Haus Stapel, Holthausen, Altenberge, Nienberge und Haus Rüschhaus über die Strecke der 100-Schlösser-Route zurück in die Innenstadt von Münster, wo wir das Schloss erreichen. Ab hier rollen wir über die Promenade und später einmal rechts abbiegend zurück zum Hauptbahnhof, wo unsere Tour endet.

Nachdem wir Havixbeck verlassen haben, schauen wir uns noch Haus Stapel und die Stapelsmühle am Wegesrand an, ehe wir in Altenberge auf die nächste, typische münsterländische Kleinstadt treffen. Der Ortskern wurde aufwändig gestaltet, um dem Markt einen passenden Rahmen zu geben. Drumherum finden wir einige Fachwerkhäuser in den teils engen Gassen.

Während sich die Tour dem Ende zuneigt, wird uns am Rüschhaus nochmals das Thema unserer Rad-Runde in Erinnerung gerufen: „Es ist doch ein heimlicher Ort, das Rüschhaus! – zwar klein kam es mir nach dem Merseburger Schlosse vor – klein wie ein Mauseloch – aber doch sehr lieb". Wer anders als „unsere" Annette von Droste-Hülshoff hätte diese Worte für das barocke Anwesen finden können? □

Haus Havixbeck

Das prachtvolle Eigenheim der Familie von Twickel

7 TRAUMHAFTES RADELN DURCH BERG UND ZEIT

Von Wuppertal über alte Bahntrassen nach Hattingen

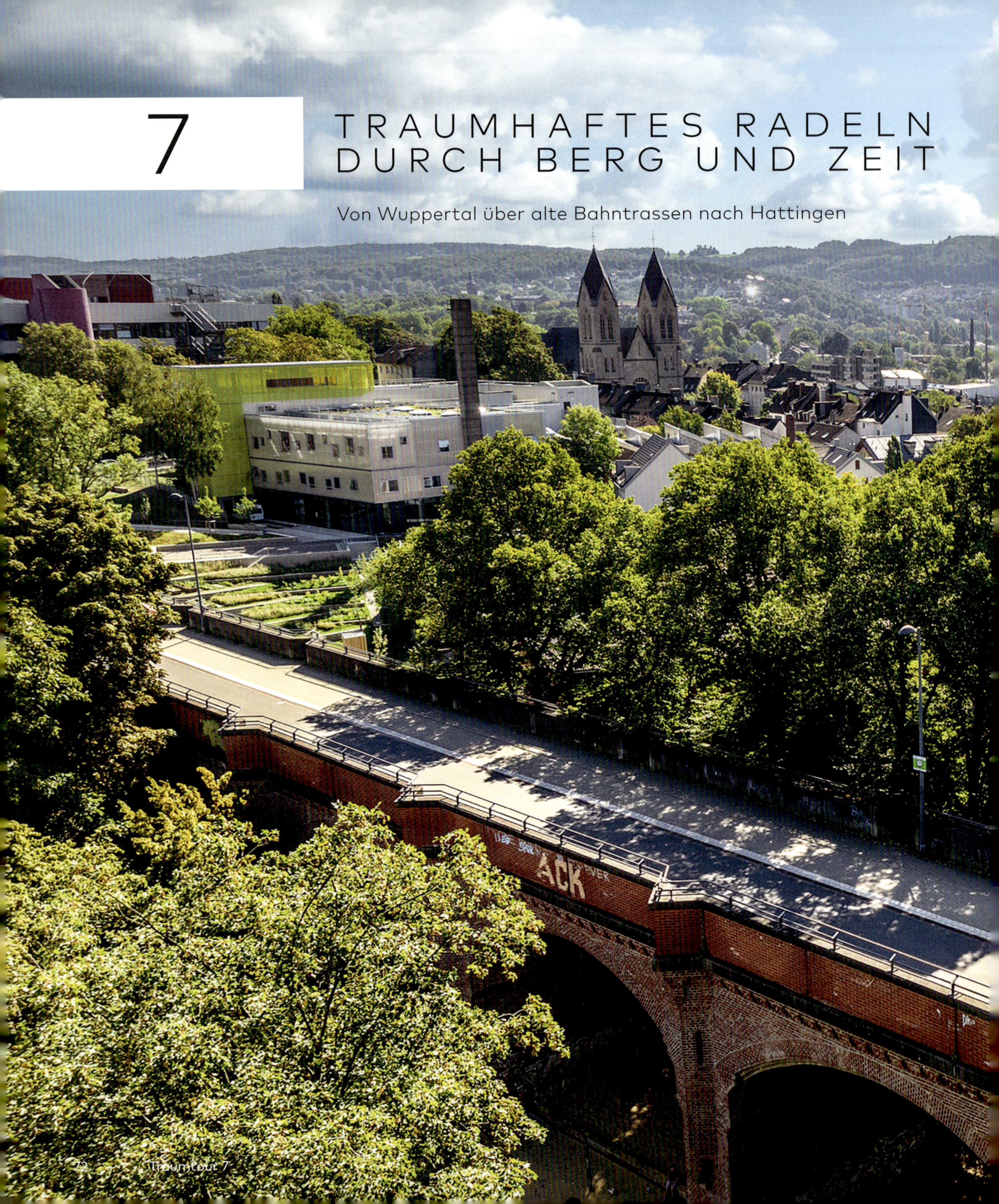

Wuppertaler Nordbahntrasse
Über Viadukte und durch Tunnel führt uns einer der beliebtesten Bahntrassenradwege Deutschlands

7 TRAUMHAFTES RADELN DURCH BERG UND ZEIT

Auf dieser Tour radeln wir auf einer wunderbaren ehemaligen Bahntrasse mitten durch Wuppertal hinüber zur Ruhr. Der Autoverkehr stört uns dabei nur sehr selten - dafür kurbeln wir über spektakuläre Brücken, durch schaurige Tunnel und genießen traumhafte Ausblicke.

Länge: ca. 35 km, eine kurze, hügelige Rundtour mit einer kräftigen Steigung im letzten Drittel auf einem Mix von Straßen, asphaltierten Wirtschaftswegen, naturbelassenen Wegen und Pfaden – beschildert als Bergischer Panorama-Radweg – Nordbahntrasse, Glückauftrasse, Kohlenbahntrasse.

Höhenmeter: 284 hm

Start: Bahnhof Wuppertal-Vohwinkel

Ziel: Bahnhof Hattingen

Ein Akku ausreichend

Nordbahntrasse

Seit die alte Bahntrecke in einen Fuß- und Radweg umgebaut wurde, hat sie eine immense Bedeutung für Wuppertal sowohl als Freizeitparadies als auch als wichtige Alltags-Verkehrsverbindung in der sonst topograpisch oft anspruchsvollen Stadt. Mehrere aufwendige Tunnel und Viadukte sorgen für einen weitgehend ebenen und v.a. autofreien Verlauf. Der Name kommt von der Lage im Norden der Stadt.

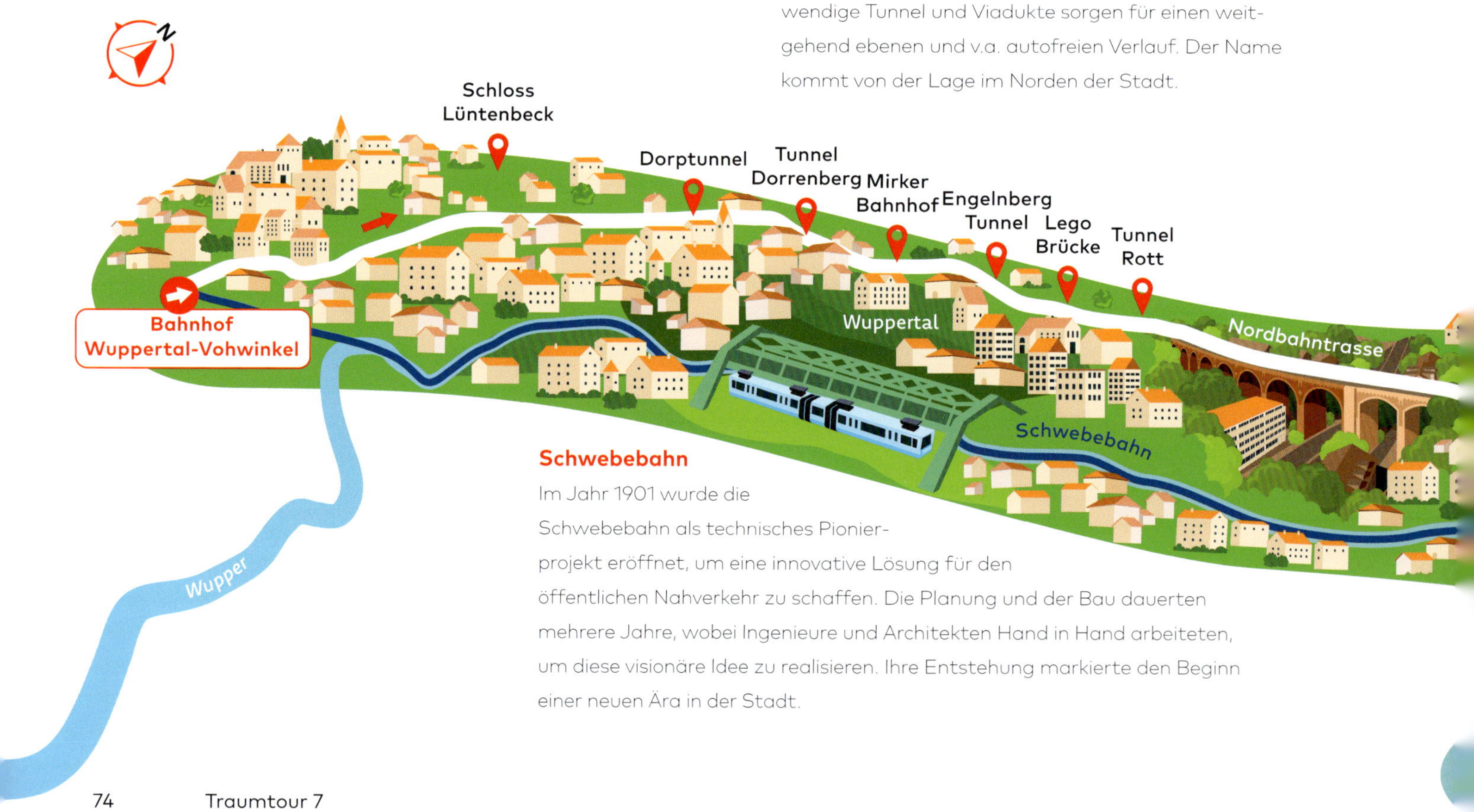

Schwebebahn

Im Jahr 1901 wurde die Schwebebahn als technisches Pionierprojekt eröffnet, um eine innovative Lösung für den öffentlichen Nahverkehr zu schaffen. Die Planung und der Bau dauerten mehrere Jahre, wobei Ingenieure und Architekten Hand in Hand arbeiteten, um diese visionäre Idee zu realisieren. Ihre Entstehung markierte den Beginn einer neuen Ära in der Stadt.

Fachwerkhäuser Hattingen

Die weißen Fachwerkhäuser mit ihren markanten, dunklen Balken erzählen Geschichten aus vergangenen Jahrhunderten und prägen das malerische Stadtbild. Das Bügeleisenhaus, ein besonders schmales und charakteristisches Gebäude, steht als Wahrzeichen und erinnert an die Handwerkskunst und das Leben der damaligen Zeit. Jedes Haus strahlt einen eigenen Charme aus und lässt die Tradition der Fachwerkbauweise lebendig werden.

Kohlenbahntrasse

Auch Glückauf-Trasse genannt, ist sie praktisch die Fortsetzung der Nordbahntrasse in Richtung Ruhr. Im Gegensatz zu dieser ist sie zwar nicht asphaltiert, aber genauso schön zu befahren. Der Name rührt von der früheren Verwendung zum Kohletransport.

Scan den QR-Code &
hol Dir Deine Tour!

7 TRAUMHAFTES RADELN DURCH BERG UND ZEIT

Wir starten

am Bahnhof von Wuppertal-Vohwinkel, den wir nach rechts verlassen, um hinter der Brücke rechts in die Nathrather Straße einzubiegen. Wir halten uns rechts in die Homannstraße, dann hinter der Brücke links Homanndamm. So gelangen wir links auf den Radweg Nordbahntrasse.

Im Vohwinkeler Ortskern rattert die **Schwebebahn**. 1901 war es eine Sensation, als diese 13 km lange Hochbahn in Betrieb genommen wurde. Mit bis zu 60 km/h verbindet die „einschienige Hängebahn System Eugen Langen", so der offizielle Titel, die Endhaltestellen Vohwinkel und Oberbarmen. Das Traggerüst der Bahn überspannt abwechselnd Straßen oder Fluss in einer einzigartigen und zugleich filigranen Art.

Die Nordbahntrasse verläuft etwas hügelig mit einer leichten, mit dem E-Bike kaum wahrzunehmenden Steigung. Dafür aber komplett autofrei!

Willkommen auf der **Nordbahntrasse**! Wo das Radfahren vor einigen Jahren aufgrund des dichten Straßenverkehrs und der vielen Berge nahezu unmöglich war, gleiten wir nun auf einer breiten, asphaltierten Trasse durch das Tal der Wupper auf einer alten Bahntrasse. Fünf beleuchtete, bis zu 722 m lange Tunnel sowie mehrere Viadukte garantieren für Kurzweil auf der Strecke. Teils rollen wir direkt an den Fenstern der benachbarten Häuser vorbei – und zwar in der dritten Etage! Die Highlights der Trasse sind: Dorptunnel, Bahnhof Ottenbruch, Tunnel Dorrenberg, Mirker Bahnhof, Engelnberg Tunnel, Lego-Brücke, Tunnel Rott, drei Viadukte hintereinander und der Bahnhof Wichlinghausen.

Am ehemaligen Bahnhof Wuppertal-Wichlinghausen fahren wir weiter geradeaus und folgen den Schildern Richtung Schee und Sprockhövel.

Von dem ehemaligen Bahnhof Wuppertal-Wichlinghausen wurde vieles erhalten, so dass wir den Eindruck haben, als würde jeden Moment ein Zug einfahren. Interessant ist die Wichern-Kapelle an der Radwegekreuzung. Sie wurde in Gedenken an den evangelischen Theologen Johann Hinrich Wichern errichtet, der von 1808 bis 1881 lebte und Zeit seines Lebens als prägende Persönlichkeit der diakonischen Arbeit galt. Die farbenfroh gestaltete Kapelle setzt auch heute wieder ein Zeichen, denn sie wurde in

Wuppertal
Ökologischer und aussichtsreicher kann Nahverkehr nicht sein!

7

Der Schulenbergtunnel

kurz vor Hattingen ist Teil der Kohlenbahntrasse

einem Gemeinschaftsprojekt erstellt, in dem vor allem Langzeitarbeitslose tätig waren. Im Oktober 2014 begonnen, konnte das Gotteshaus schon 6 Monate später eingeweiht werden. Ausnahmslos alle am Bau beteiligten Personen werden auf der Homepage namentlich mit den verrichteten Arbeiten genannt – ein tolles, soziales Projekt!

An der Radwegekreuzung beginnt auch die Schwarzbachtrasse, die weiter durch das Tal führt. Ein kleiner Abstecher lohnt sich, denn wir rollen durch einen langen, gebogenen Tunnel mit roten Lichtinstallationen. Ebenfalls an der Wegekreuzung liegt „Wicked Woods" mit halsbrecherischen Rampen für Skater, BMX´ler, Rollern oder anderen rollenden Gerätschaften.

Die Nordbahntrasse schmiegt sich für kurze Zeit an eine Straße, um dann wieder jenseits des Verkehrs mit etwas Steigung in einem weiten Bogen zu verlaufen. Der Weg folgt weiter der Trasse und führt am ehemaligen Haltepunkt Bracken vorbei.

Der Haltepunkt Bracken und eine Holzskulptur des Künstlers Michael Kaiser signalisieren uns, dass wir die Ortschaft Nächstebreck durchrollen. Beim Tunnel Schee haben wir den höchsten Punkt unserer Tour erreicht. Unbemerkt rollen wir unter der A46 her. 722 m lang ist der Scheetunnel, der einst für den Schienenverkehr mit zwei Röhren angelegt wurde. Ab 1884 rollte hier die „Kohlenbahn" von Hattingen nach Barmen. Der östliche Tunnel blickt auf eine bewegte Vergangenheit zurück: Während des Zweiten Weltkriegs gab es die sogenannte „U-Verlagerung": Wichtige Rüstungsbetriebe wurden unter Tage verlagert und so diente eine Tunnelröhre von Schee unter dem Tarnnamen „Kauz" zum Bau von Flugzeugelementen. Auf der anderen Seite des Tunnels passieren wir den ehemaligen Bahnhof Schee.

Nach wenigen Metern auf der Eisenbahnstraße wechseln wir auf den Kohlenbahn-Radweg, der uns kurvig an Sprockhövel vorbei bringt.

Der Kohlenbahn-Radweg passiert Niedersprockhövel, das im Jahr 1000 als „Spurkinhuvelo" erstmals in den Büchern auftauchte, was so viel bedeutete wie „Wacholderhügel". Ein Stück weiter liegt das Naturschutzgebiet Oberes Sprockhöveler Bachtal.

Für die nächste Abwechslung an der Strecke sorgt das Brückenbauwerk „Am Riepelsiepen". Im Jahr 1884 wurde diese Steinbogenbrücke errichtet und zwar aus dem Sandstein, den man hier abbauen konnte – Nachhaltigkeit wurde damals also groß geschrieben, ohne es so zu nennen!

Wir erblicken den Malakow-Turm der ehemaligen Zeche Alte Haase. Die Zeche hier war schon im 17. Jh. in Betrieb und damit eine der ältesten Steinkohlezechen im Revier. Bis 1969 wurde das schwarze Gold zu Tage gefördert.

Als nächstes erwartet uns kurz vorm Ende der Tour zur Abwechslung einmal wieder ein Tunnel: dieses Mal ist es der 195m lange **Schulenbergtunnel**.

Die Kohlenbahn- bzw. Glückauf-Trasse trifft bei Lembeck auf die querende Nierenhofer Straße. Deren Radweg folgen wir nach rechts und erreichen nach wenigen Minuten den Hattinger Bahnhof, wo unsere Tour endet.

Die Altstadt von Hattingen liegt gleich gegenüber des Bahnhofs. Fast 150 bestens erhaltene mittelalterliche Fachwerkhäuser schmiegen sich an enge Gassen und laden ein, uns in den zahlreichen Cafés und Biergärten niederzulassen. Die Fußgängerzone war übrigens eine der ersten in ganz Deutschland.

Das historische Rathaus entstand 1576 und ist heute ein Heimatmuseum. Ein Stück weiter finden wir die Georgs-Kirche mit einem schiefen Turm. Besonders fotogen ist das Bügeleisen-

7

haus. Aufgrund des kleinen Grundstückes entstand Anfang des 17. Jhds. diese eigenwillige Giebelform, die an ein Bügeleisen erinnert. Einer von ehemals 7 Stadttürmen ist der Bruchtorturm, vor dem die Figurengruppe namens „Eisenmänner" steht.

Die Geschichte Hattingens reicht bis 990 zurück. Die Gründung der Henrichshütte im Jahre 1854 brachte den größten Aufschwung. Eisen und Stahl wurden erzeugt und direkt vor Ort weiter verarbeitet mit Walzwerk, Schmiede, Dreherei und anderen Produktionszweigen. Zur Blütezeit malochten hier 10.000 Beschäftigte. Der letzte Hochofen wurde 1987 stillgelegt, was im Museum dargestellt wird.

8

ZU DEN TOREN EINER VERGESSENEN WELT

Von Detmold nach Lippstadt

Externsteine
Ein „Kraftort“ mit viel Emotion

8 ZU DEN TOREN EINER VERGESSENEN WELT

Der längste Fluss in NRW - der Rhein oder die Ruhr? Beides falsch, denn die Lippe verläuft in sanften Schwüngen quer durch das Bundesland von Ostwestfalen bis in den Rhein und darf daher dieses Attribut führen. Höchste Zeit, diesen Fluss einmal näher kennen zu lernen. Dafür bietet sich die Römer-Lippe-Route an, die sogar etwas „früher" einsteigt: So beginnt unsere Radtour hoch oben beim Hermannsdenkmal, tangiert die sagenumwobenen Externsteine und gesellt sich dann ans Ufer der Lippe.

Länge: ca. 90 km (bis Paderborn 50 km), gute Beschilderung als Römer-Lippe-Route mit eigenem Symbol. Im ersten Teil deutliche Steigungen, ab Externsteine keine Steigungen mehr. Die Route führt meist über separate Rad- und Feldwege bzw. auf wenig befahrenen Nebenstraßen.

Höhenmeter: 257 hm

Start: Hermannsdenkmal oder Bahnhof Detmold

Ziel: Bahnhof Paderborn oder Lippstadt

Empfohlen als Zwei-Tages-Tour, damit ein Akku pro Tag reicht

Tipp:
Wer seine Tour oben am Hermannsdenkmal starten möchte, den Aufstieg aber trotz E-Bike scheut: die Buslinie 792 nimmt auch Fahrräder mit und fährt in der Saison an Wochenenden und Feiertagen im 60-Minuten-Takt.

Lippstadt

Die Stadt im Herzen von Nordrhein-Westfalen ist bekannt für ihre malerischen Fachwerkhäuser und idyllischen Wasserläufe. Mit einer harmonischen Mischung aus Tradition und Moderne zieht sie Besucher und Bewohner gleichermaßen an.

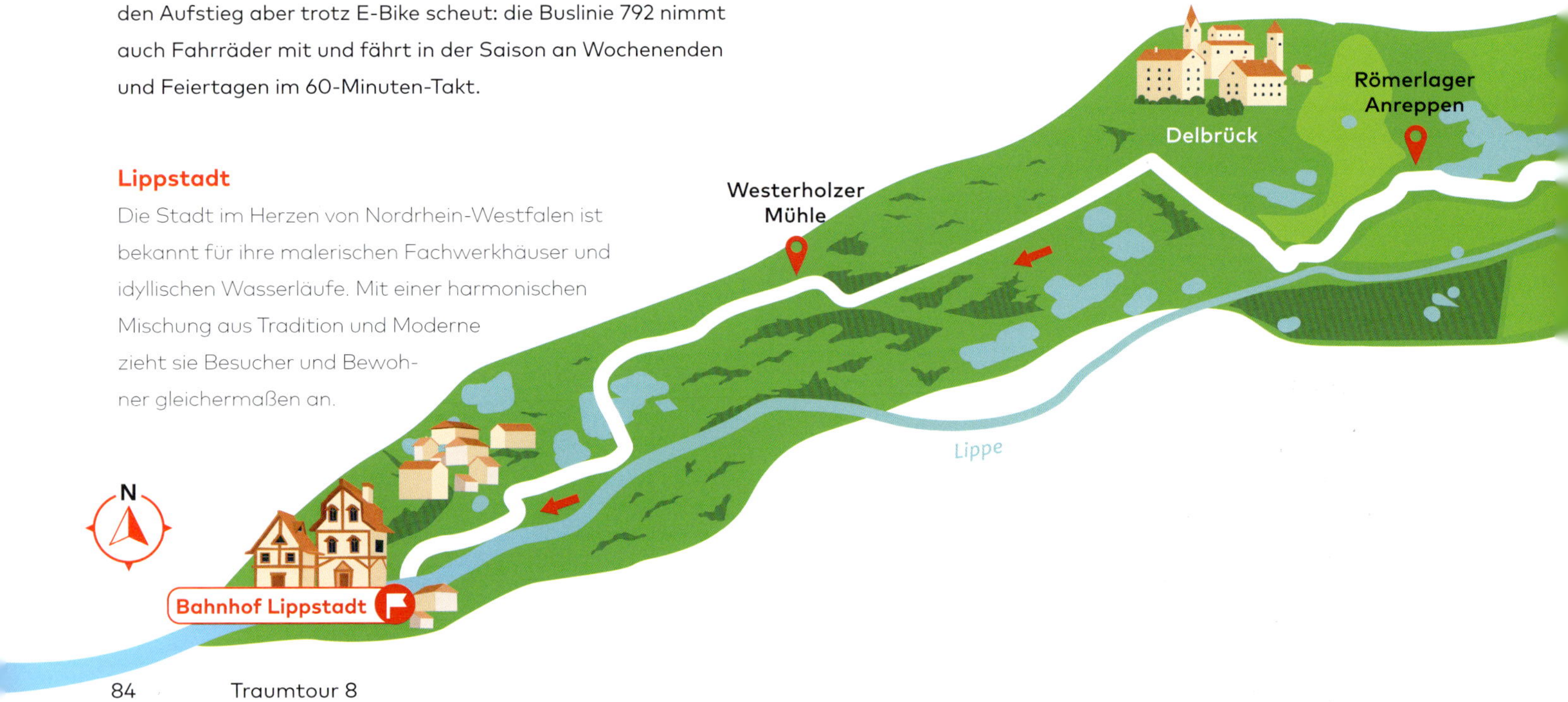

Hermannsdenkmal

Die Statue erinnert an den Cheruskerfürsten Arminius und die Schlacht im Teutoburger Wald, in der germanische Stämme unter seiner Führung drei römische Legionen aufrieben.

Externsteine

Inmitten des Teutoburger Waldes ragen die imposanten Felsformationen empor und ziehen jährlich zahlreiche Besucher an. Diese markanten Sandsteinfelsen sind nicht nur ein Naturwunder, sondern auch ein Ort von historischer und kultureller Bedeutung.

Paderborn

Bekannt für seine beeindruckende Paderquelle, zählt die Stadt zu den wasserreichsten in Deutschland. Historische Bauwerke wie der Paderborner Dom und das Rathaus verleihen der Stadt einen besonderen Charme.

Scan den QR-Code & hol Dir Deine Tour!

8 ZU DEN TOREN EINER VERGESSENEN WELT

Detmold ist überregional eher weniger bekannt. Dabei ist die Stadt einfach klasse: Die City wird von einer langen Fußgängerzone durchzogen, die zum Shoppen und Einkehren einlädt. Tolle Fachwerk- und Bürgerhäuser säumen die Straße und sorgen für Fotomotive. Mittendrin steht das Fürstliche Residenzschloss, umgeben von einem weitläufigen Park. Kulturfreunde besuchen das Landesmuseum oder das LWL-Freilichtmuseum. Im größten deutschen Freilichtmuseum werden wir hautnah in das ländliche Leben längst vergangener Zeit versetzt.

Hoch oben auf dem Berg über dem Ortsteil Hiddesen steht er, der **Hermann**: Sage und schreibe 27 m hoch ist die Bronzestatue, die den Cherus-

Hermannsdenkmal

Arminius grüßt weit hinaus ins Lipperland

kerfürsten Arminius, genannt Hermann, zeigt. Insgesamt ist das Denkmal rund 54 m hoch – allein das Schwert wiegt 550 kg und ist 7 m lang. Im Jahre 9 n.Chr. fügten die germanischen Stämme unter seiner Führung den Römern die entscheidende Niederlage bei. Zum Dank wurde am 16.08.1875 nach 37 Jahren Bauzeit dieses Monument eingeweiht, das die höchste Statue Deutschlands (in seinen ersten 10 Jahren sogar der Welt) darstellt. Ein Aufstieg auf die Plattform ist also Pflicht!

8

Los geht´s

am Hermannsdenkmal oder am Bahnhof Detmold. Die Schilder der Römer-Lippe-Route halten gleich zu Beginn einen Anstieg für uns bereit, denn es geht hinauf nach Horn und weiter zu den Externsteinen. Von dort rollen wir weiter und ab jetzt eigentlich immer bergab. So gelangen wir via Kohlstedt, Schlangen und Bad Lippspringe nach Paderborn.

Auf unserer Tour machen uns zwei Schilder neugierig: Unweit unseres Radwegs liegen der Vogelpark Heiligenkirchen und die Adlerwarte, in der es sogar Flugvorführungen gibt. Der Ortsteil Horn empfängt uns mit vielen historischen Gebäuden, unter ihnen einige Fachwerkhäuser. In Burg Horn ist heute ein Museum untergebracht, das die Geschichte der Stadt erzählt.

Tipp

Besonders mystisch wird es an den Externsteinen in der Mittsommernacht: Die umliegenden Wiesen sind dann voller Menschen, unter ihnen viele Esoteriker, die den besonderen Tag in besonderer Umgebung feiern.

Eines der Highlights dieser Tour erreichen wir nach den ersten Anstiegen – und ganz unvermittelt tauchen Sie vor uns im dichten Wald auf: Bis zu 35 m ragt die Felsengruppe der **Externsteine** in den Himmel. Erster Eindruck: Ein paar hohe Steine neben einem Teich. Viele Besucher aber berichten von nicht erklärbaren Gefühlen, die sie dann überkommen: Von absoluter Euphorie bis hin zu körperlicher Erschöpfung gehen die Schilderungen. Kein Wunder, dass es schon zu heidnischer Zeit hier eine Kultstätte gab. Noch heute kommen Besucher von weit her, um diese Atmosphäre auf sich wirken zu lassen.

Der Name von Bad Lippspringe erklärt sich von selbst: Die Quelle des Flusses Lippe liegt mitten im Ort – und was für eine! Am Rande des Arminiusparks erwartet uns ein weitläufiger Quellteich, der von den Ruinen einer Burg bewacht wird und uns mit „Odins Auge" ansieht. Aus rund 8 m Tiefe quillt das Wasser empor und sorgt mit mehreren anderen Heilquellen dafür, dass die Lippspringe den Status einer Kurstadt bekam. Die schönste „Tränke" dürfte die säulengeschmückte Arminiusquelle sein, die Jordanqualle hingegen die vielleicht idyllischste.

Es geht weiter im Zeichen des Wassers, denn in Paderborn liegt die Quelle der Pader, die nach nur 4 km in die Lippe mündet und damit als einer der kürzesten Flüsse des Landes gilt. Gut gelungen ist die Skulptur „Waschfrauen", die wir am Paderufer finden. Im Jahre 777 fand unter Karl den Großen in Paderborn ein Reichstag und eine Synode statt. Danach entwickelte sich eine schmucke Stadt, die seit 1930 Sitz eines Erzbistums ist. Klar, dass Paderborn deshalb auch einen stattlichen Dom beherbergt. Er ist ein Teil der sehenswerten Altstadt, in der auch das reich verzierte Rathaus, den Markt mit der Gaukirche, den Neptunbrunnen und viele weitere Bauwerke liegen. Die Fußgängerzone bietet sich für einen längeren Stopp mit Einkehr an.

Externsteine

Mystische Momente

8

Weiter geht´s

von Paderborn nach Schloss Neuhaus, wo wir den Lippesee erreichen. Nachdem wir an vielen Teichen und See vorbeigeradelt sind, gelangen wir via Bentfeld nach Anreppen. Boke, Südhagen, Lipperode tangieren wir noch auf unserem Weg nach Lippstadt, wo unsere Tour am Bahnhof endet.

Die Fürstbischöfe Paderborns richteten sich ihr „Wohngemach" etwas außerhalb der Stadt ein. Ihre Residenz Schloss Neuhaus wurde prachtvoll im Stile der Weserrenaissance errichtet. Rund um das Schloss gibt es einen historischen Ortskern mit vielen Fachwerkhäusern. Am Schlosspark angrenzend liegt der Lippesee, der eine Fläche von 103 ha. bedeckt. Wer sich also abkühlen mag, ist hier genau richtig.

In Anreppen haben die Römer ihre Spuren hinterlassen. In den unruhigen Zeiten, in denen die Germanen hier rebellierten, wurden bis zu 6.000 Legionäre im Lager Anreppen stationiert.

Bei Lipperode erinnern Reste der Festung daran, dass es hier einmal eine Burg gab. Bei der Gaststätte „Zum Freien Stuhl" entdecken wir einen Stein, der die lippische Rose, einen Adler und ein Rautenwappen trägt.

Lippstadt gilt als älteste Gründungsstadt Westfalens, denn ihre Historie reicht bis 1185 zurück. Heute empfängt uns eine muntere Kleinstadt, die von der Großen Marienkirche am Marktplatz dominiert wird. Drum herum gibt es einen historischen Stadtkern mit dem Alten Rathaus und einigen sehenswerten Fachwerkhäusern. Die Fußgängerzone lädt uns zum Einkehren und Entspannen ein – bestens am Ende dieser erlebnisreichen Radtour. □

Schloss Neuhaus

Das „Wohngemach" der Paderborner Fürstbischöfe

9

SAGENHAFTE ERLEBNISSE IM HARZ

Von Wernigerode auf den Brocken

Brockenbahn
Schnaufend schlängelt sich die Lokomotive bergauf

9 SAGENHAFTE ERLEBNISSE IM HARZ

Was für ein Berg! Wenn wir unsere Radtour durch viel Wald und Natur zum Abschluss gebracht haben, liegt dieser Ausspruch sehr nahe. Dann haben wir den Brocken erreicht, der mit 1.141 m weithin sichtbar empor ragt. Unsere Tour dort hinauf startet im unglaublich schönen Wernigerode und verläuft mit permanentem Anstieg, so dass das Radeln vom Surren der Elektromotoren begleitet wird. Dabei werden wir bestimmt auch die ein oder andere Hexe treffen, die aber – entgegen althergebrachter Ansichten – alle harmlos sind!

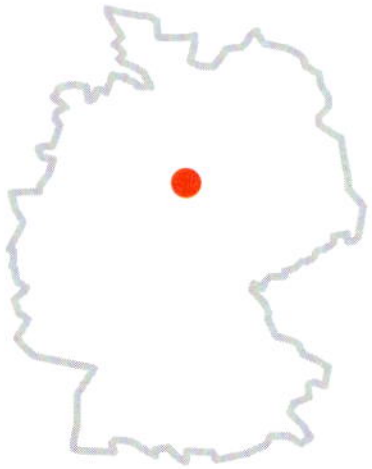

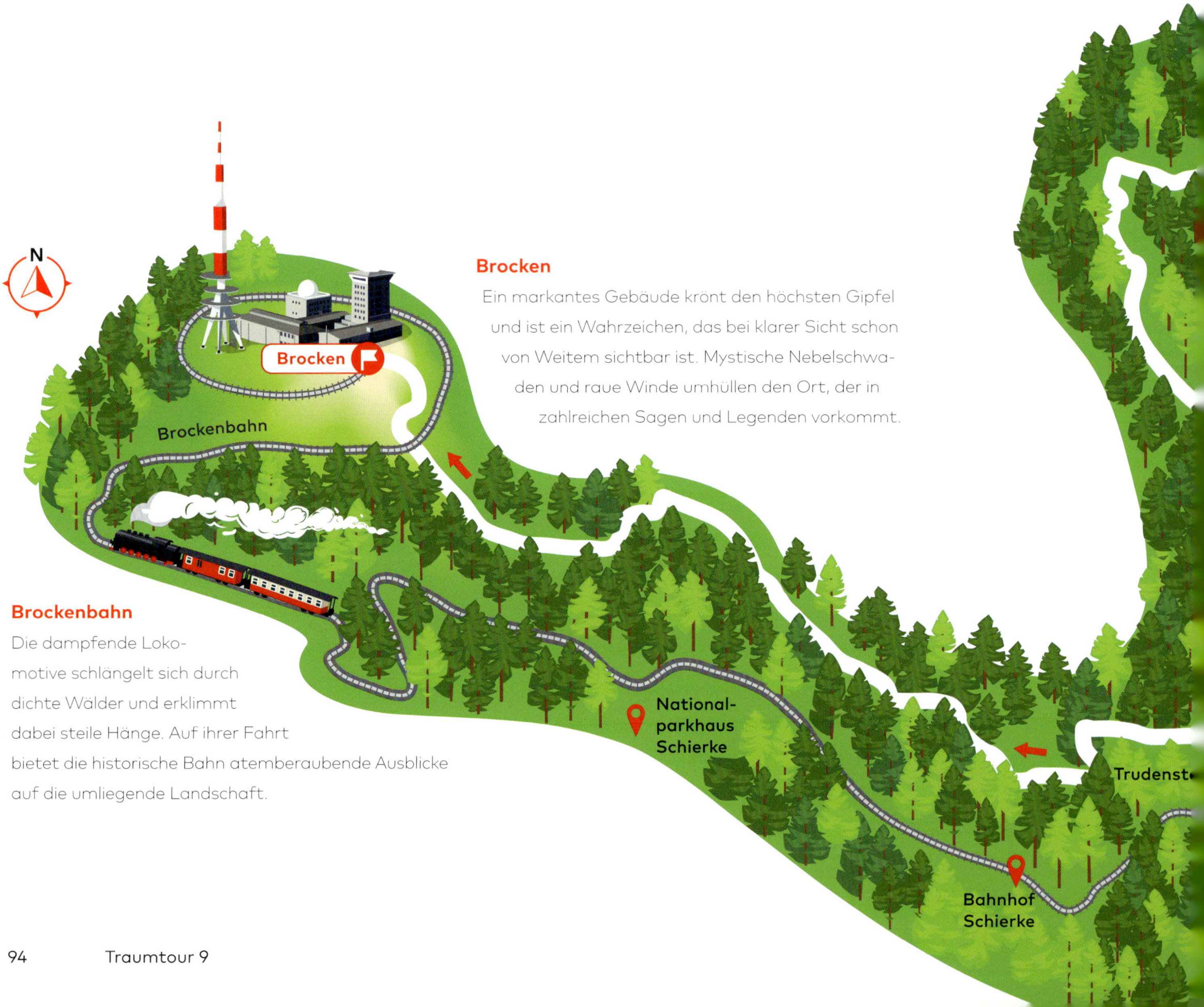

Brocken

Ein markantes Gebäude krönt den höchsten Gipfel und ist ein Wahrzeichen, das bei klarer Sicht schon von Weitem sichtbar ist. Mystische Nebelschwaden und raue Winde umhüllen den Ort, der in zahlreichen Sagen und Legenden vorkommt.

Brockenbahn

Die dampfende Lokomotive schlängelt sich durch dichte Wälder und erklimmt dabei steile Hänge. Auf ihrer Fahrt bietet die historische Bahn atemberaubende Ausblicke auf die umliegende Landschaft.

Wernigerode

Bunte Fachwerkhäuser reihen sich an verwinkelten Gassen, die einen märchenhaften Charme ausstrahlen. Im Herzen der Stadt lädt das historische Rathaus mit seiner prächtigen Fassade zum Staunen ein. Hoch über allem erhebt sich Schloss Wernigerode, das majestätisch auf einem Hügel thront und einen weiten Ausblick auf die Umgebung bietet.

Länge: ca. 27 km, auf gut ausgeschilderten regionalen Radwegen verläuft die Route überwiegend über separate Rad- und Feldwege sowie wenig befahrene Nebenstraßen, allerdings mit stetigen Steigungen.

Höhenmeter: 1.032 hm

Start: Bahnhof Wernigerode **Ziel:** Brocken

Ein Akku ausreichend

Scan den QR-Code & hol Dir Deine Tour!

9

SAGENHAFTE ERLEBNISSE IM HARZ

Die bunte Stadt am Harz: Schnell wird uns klar, warum sich Wernigerode gerne so nennt: Der historische Stadtkern gliedert sich in „Neustadt" und Altstadt, wobei wir in allen Straßen und Gassen erstaunt auf bestens erhaltene und teils farbenfrohe Fachwerkhäuser blicken. Mittendrin erhebt sich das – natürlich bunte – **Historische Rathaus** mit Freitreppe und Fachwerk-Fassade. Es steht am Marktplatz, der guten Stube der Stadt. Rundherum stehen stolze Patrizierhäuser und in den Gassen andere sehenswerte Gebäude wie das Schiefe Haus, das Kleinste Haus oder die Alte Münze.

Über all´ dem Schönen wacht das **Schloss**, würdevoll auf einer Anhöhe gelegen und mit Wehranlagen, Türmen, Türmchen, Erkern und vielen weiteren Details ausgestattet. Bis 1929 wohnten hier die Grafen zu Stolberg-Wernigerode. Inzwischen ist hier das Museum für Kunst- und Kulturgeschichte eingezogen.

Tipp

Nun gut, Ende April ist das Wetter nicht immer schon einladend für eine Radtour. Dennoch sollten Sie es nicht versäumen, den Harz einmal zur Walpurgisnacht besucht zu haben. In fast jedem Ort werden die Häuser geschmückt, es finden Feste und Umzüge statt und überall wimmelt es vor Hexen.

Los geht´s

vor dem Bahnhof von Wernigerode, den wir nach links entlang der Bahnhofstraße verlassen. Rechts in die Gustav-Petri-Straße, im Kreisel geradeaus „Unter den Zindeln" und ein Stück an der Bahn entlang. Dann rechts über die Brücke und direkt wieder links-rechts in die Straße „An der Malzmühle". Dann begleiten wir die Bahn für einige Kilometer, bis wir zur Steinernen Renne (Bahnhof) kommen. Hier machen die Schienen eine Kehrtwende, während wir geradeaus in die Bielsteinchaussee radeln. Die verläuft kurvig und ansteigend, bis wir links abbiegen in den Hyseburger-Häu-Weg, später Eschwegestraße.

Wernigerode
Gut bewacht seit dem 13. Jahrhundert

9

Die Leistenklippe

ist mit einem kleinen 2 km-Abstecher von unserer Tour erreichbar

So treffen wir auf den Glashüttenweg, wo wir links und gleich wieder rechts abbiegen, um später wieder auf den Glashüttenweg zu treffen und ihm nach links zu folgen. Dann wird´s richtig bergig: Mit Rechts-Linksabbiegen gelangen wir auf die Brockenstraße, die uns hinauf zum Ziel führt. Zurück geht´s mit der Bahn oder entspannt bergab mit dem Rad.

Wir sind auf 1.141,2 m angekommen. Kein Berg in Norddeutschland ist höher als der **Brocken**, was wir auch daran merken, dass wir die Baumgrenze überfahren haben. Oft ist es hier oben windig und ungemütlich, was daran liegt, dass der Berg soweit aus der Region empor ragt und daher extremes Klima aufweisen kann. Wenn wir aber Glück haben und das Wetter klar ist, haben wir eine phänomenale Fernsicht – bis auf den 210 km entfernten Fichtelberg. Einst trennte der Brocken DDR und BRD. Eine Einladung also, den Berg für Überwachungs- und Spionagetätigkeiten zu nutzen. Heute besuchen wir da lieber das Brockenhaus mit dem Besucherzentrum für den Nationalpark Harz.

Übrigens: Hexen hat es hier oben natürlich auch schon immer gegeben. Zwei große Felsformationen dienen als Teufelskanzel und Hexenaltar. Wem das zu gruselig ist, schwingt sich auf die Räder und radelt weiter, z.B. nach Braunlage oder nach Schierke, oder zurück nach Wernigerode. □

10 EINE RADELNDE ENTDECKUNGSREISE

Rundtour von Tangermünde
über Werben und Havelberg

Tangermünde
Farbenspiele in der mittelalterlichen Altstadt

10 EINE RADELNDE ENTDECKUNGSREISE

Gleich mehrere Flüsse münden im Verlaufe unserer Rundtour in die Elbe – an unserem Start-Ort ist es das eher weniger bekannte Flüsschen Tanger. An unserem „Umkehrpunkt“ hingegen ist es die berühmte Havel, deren Fluten sich in die Elbe ergießen. Die Strecke zu finden gestaltet sich als recht einfach, denn über weite Teile folgen wir dem Verlauf des Elbe-Radwegs, der in diesem Bereich auf beiden Ufern bestens beschildert ist. Der Streckenverlauf ist eher flach, so dass die Ladeleistung unserer Akkus ausreichen sollte, um die Tour entspannt zu beenden.

Arneburg

Der Name geht auf eine Festung zurück, die ab dem 10. Jh. bestand. Die Vorgänge rund um die Christianisierung der gegenüberliegenden slawisch besiedelten Elbseite machten die Arneburg zu einer der bedeutendsten Burgen des Reiches, später entwickelte sich eine Siedlung. An einem Steilufer gelegen, gibt es hier eine wunderbare Aussicht auf die Elbe.

Tangermünde

Eine malerische Stadt mit beeindruckender Backsteingotik, die an längst vergangene Zeiten erinnert. Kopfsteinpflaster und gut erhaltene Fachwerkhäuser prägen das historische Stadtbild und laden zu einem Spaziergang ein. Über die Stadt wacht das imposante Elbtor, während die Überreste der alten Burg von einer bewegten Geschichte zeugen.

Werben (Elbe)

Die Hansestadt Werben zählt zu den 10 kleinsten Städten in Deutschland und blickt auf eine bewegte mehr als 1.000 jährige Geschichte zurück. So war sie z.B. zeitweise eine Reichsstadt - in diesen wurden die Reichstage der Kaiser und Könige abgehalten.

Havelberg

Eine charmante Kleinstadt, durchzogen von Wasserwegen und umgeben von grünen Auen, lädt zum Entdecken und Verweilen ein. Ihre historische Altstadt offenbart in jeder Ecke Spuren vergangener Jahrhunderte. Der Havelberger Dom thront majestätisch über der Stadt.

Länge: ca. 100 km, größtenteils Beschilderung als Elbe-Radweg bzw. als Altmark-Rundkurs. Die Route führt meist über separate Rad- und Feldwege bzw. auf wenig befahrenen Nebenstraßen, einige Passagen auf losem Untergrund.

Höhenmeter: 89 hm

Start und Ziel: Bahnhof Tangermünde

Empfohlen als Zwei-Tages-Tour, damit ein Akku pro Tag reicht

Scan den QR-Code &
hol Dir Deine Tour!

10 EINE RADELNDE ENTDECKUNGSREISE

Unser Start- und Zielort Tangermünde wurde strategisch klug auf einer Anhöhe angelegt, wo die Tanger in die Elbe mündet. Klar, dass dieser wichtige Ort schon um 1009 von einer Burg geschützt wurde, zu deren Füßen sich eine Marktsiedlung entwickelte, die früh auch die Stadtrechte erhielt. Diese lange Historie ist noch heute bestens nachvollziehbar, denn die um 1300 erbaute Stadtmauer zieht sich noch immer komplett um die **mittelalterliche Altstadt**. Am würdevollsten gelangt man dorthin durch das Neustädter Tor, das als eines der schönsten Tore Norddeutschlands gilt. Erhalten sind auch noch das Elb- und das Hühnerdorfer Tor.

Tipp
Das älteste Wohnhaus der Stadt bildet den würdevollen Rahmen für das Burgmuseum, in dem wir die Historie der leider in weiten Teilen zerstörten Burg nachvollziehen können.

Die Stadtmitte wird vom aufwändig gestalteten Rathaus dominiert, in dem sich heute u.a. das Stadtgeschichtliche Museum befindet. Rund um das Rathaus finden wir herrliche alte Fachwerkhäuser, die Kirche St. Stephan und einige Reste der alten Burg, zu denen das Tor und der Rundturm zählen.

Los geht's

am Bahnhof von Tangermünde, den wir nach links über die Bahnhof-, dann rechts Fritz-Schulenburg- und links Arneburger Straße verlassen. Ab der Einmündung von der Hühnerdorfer Straße rollen wir auf dem bestens beschilderten Elbe-Radweg bzw. dem Altmark-Rundkurs. Der bringt uns nach wenigen Minuten am Ufer entlang nach Arneburg. Hinter der Stadt fahren wir einen kleinen Schlenker über Hohenberg-Krusemark, der auch als Altmark-Route beschildert ist. Alternativ können wir 5 km sparen und in Elbnähe weiterfahren, vor dem Industriegelände rechts in den straßenbegleitenden Radweg abbiegen, der uns vorbei an einer Atomkraftwerks-Bauruine nach Osterholz bringt, wo wir wieder auf den offiziellen Elberadweg gelangen. Weiter kommen wir via Büttnershof und Berge nach Werben.

Schon auf den ersten Kilometern unserer Tour rollen wir durch die Altmark und tauchen ein in weite Auen und Wälder, die sich an Altarmen der Elbe entlangziehen – der Naturgenuss steht hier eindeutig im Vordergrund. Wer genau hinsieht, entdeckt auch immer wieder Störche, die sich in dieser Region besonders wohlfühlen – der Begriff „Storchenland" scheint ganz gut zu passen. Das kleine Örtchen Hämerten überrascht uns mit der ältesten und vermutlich auch schönsten Chorturmkirche der Altmark, bevor wir wenige Minuten später mit dem Schloss Storkau und seinem Park die nächsten Motive finden.

Tangermünde
Weit mehr als 1.000 Jahre Geschichte – das sehen und spüren wir überall

10

Aus einer alten Reichsburg ging Arneburg hervor, das in herrlicher Lage am Steilufer über der Elbe liegt. Wer mehr über die Region erfahren mag, besucht das Heimatmuseum, das wir im Rathaus finden.

Unsere weitere Tour wird in Büttnershof durch ein sehenswertes Gutshaus aufgelockert, ehe wir nach Berge gelangen. Hier steht nicht nur eine der ältesten Backsteinkirchen der Region. Auch Freunde von Wasservögeln und Seerosen kommen rund um Berge voll auf ihre Kosten.

Werben entstand um 1005 im Schatten einer Grenzburg, von der allerdings nichts mehr übrig ist. 1151 gab es das Markt- und Stadtrecht, wenig später den Sitz einer Johanniterkomturei, was zu einer guten Entwicklung des Ortes beitrug. Als eine von 80 Reichsstädten war Werben auch deutschlandweit bedeutend, denn in den Reichsstädten hielten Kaiser und Könige ihre Reichstage ab. Im 30-jährigen Krieg wurde die Stadt weitgehend zerstört, dennoch gewährt uns heute das Elbtor Einlass in einen mittelalterlich anmutenden Kern. Außer dem Elbtor konnten noch der Hungerturm und einige Mauerreste von der ehemaligen Befestigung erhalten werden. Dort finden wir mit dem klassizistischen Rathaus, der Kirche St. Johannis, der Salzkirche und der Lamberti-Kapelle reichlich Fotomotive. Am Ortsrand reckt sich noch eine Bockwindmühle in die Höhe – sie ist die letzte von vormals 10 Werbener Windmühlen.

Havelberg

Schwungvoll über die Elbe

Weiter geht´s

von Werben den Schildern folgend über die Elbe und die Havel hinweg nach Havelberg. Ab hier rollen wir wieder elbaufwärts über Sandau, Schönfeld, Klietz und Schönhausen zurück nach Tangermünde. Dort folgen wir den Schildern zum Bahnhof, wo unsere Tour endet.

Kaum sind wir wieder unterwegs, haben wir in Havelberg schon wieder Grund für einen längeren Aufenthalt: Der Stadtgraben bildet hier mit der Havel, kurz bevor sie in die Elbe mündet, eine Insel.

Viele alte Gebäude auf der Havelinsel gingen durch einen Brand verloren, dennoch gibt es hier viel zu sehen, wie das Rathaus, die Kirche St. Laurentius oder die Heiliggeistkapelle. Direkt gegenüber der „Bürgerstadt" gab es auf dem „Festland" einst eine befestigte Bischofsstadt auf dem gleichnamigen Berg. Dort ist der **Dom St. Marien** ein echter Blickfang – er wurde zwischenzeitlich umgestaltet, behielt aber immer seine kostbare Ausstattung. Direkt neben dem Dom liegt das Prämonstratenser-Chorherrenstift, eine dreiflügelige Anlage aus der Zeit des Barock. Im Innern ist das Prignitz-Museum zur Ur- und Frühgeschichte der Region zu finden. □

Tipp

Die rund 100 m lange Havelstegbrücke ist für sich schon eine Attraktion. Von hier haben wir aber auch den Blick auf die künstlich durch den Schleusenkanal entstandene „Spülinsel". Hier einen Campingurlaub zu verbringen, ist etwas ganz Besonderes.

11

FREIHEIT AUF ZWEI RÄDERN

Von Brandenburg (Havel) nach Berlin

Berliner Mauer
Steinerne Zeugen einer dunklen Geschichte

11 FREIHEIT AUF ZWEI RÄDERN

Was für eine Radtour! Randvoll mit wunderbarer Natur, aber auch mit unglaublich vielen Sehenswürdigkeiten. Mal sind es die kleinen Orte wie Werder, die uns mit alten Ortskernen verzücken, mal ist es einer der vielen Seen, die zur Abkühlung locken. Dann wieder sind es die historischen Innenstädte wie in Brandenburg, Potsdam oder Spandau, die uns begeistern. Das Finale könnte mit der Bundeshauptstadt Berlin vielfältiger nicht sein!

Länge: 105 km, Beschilderung als Havel-Radweg. Keine Steigungen. Die Route führt meist über separate Rad- und Feldwege bzw. auf wenig befahrenen Nebenstraßen.

Höhenmeter: 213 hm

Start: Bahnhof Brandenburg (Havel)

Ziel: Hauptbahnhof Berlin

Empfohlen als Zwei-Tages-Tour, damit ein Akku pro Tag reicht

Brandenburg an der Havel

Einst war die Stadt Zentrum der Mark Brandenburg. Das beeindruckende Rathaus, ein gotisches Bauwerk, wird von einer prächtigen Rolandstatue bewacht, die als Symbol für Recht und Freiheit steht.

Scan den QR-Code & hol Dir Deine Tour!

Berlin

Die bewegte Geschichte der Stadt spiegelt sich in ihren zahlreichen historischen Gebäuden und Monumenten wider. Der Fall der Mauer markierte einen Wendepunkt in der deutschen Geschichte und veränderte das Stadtbild nachhaltig. Als Symbol dieser historischen Wende steht das Brandenburger Tor, das einst die Teilung markierte und heute für die Wiedervereinigung Deutschlands steht.

Schloss Sanssouci

Errichtet im 18. Jahrhundert, gilt es als das Meisterwerk Friedrichs des Großen. Die prachtvollen Terrassengärten und kunstvollen Räume spiegeln den Geist der Zeit und die Vorliebe des Königs für Kunst und Philosophie wider.

Glienicker Brücke

Berühmt wurde die Brücke durch den Austausch von Spionen während des Kalten Krieges. Ihre markante Architektur und historische Bedeutung machen sie zu einem symbolträchtigen Ort der deutsch-deutschen Geschichte.

11 FREIHEIT AUF ZWEI RÄDERN

In kaum einer Stadt ist die Havel so präsent wie in Brandenburg, denn der Fluss läuft mitten durch die Stadt und zugleich mitten durch die Sehenswürdigkeiten. Am sichtbarsten wird das im Bereich des Doms St. Peter und Paul, dessen Silhouette sich von der Dominsel aus in den funkelnden Wogen spiegelt. Gleich dabei liegen Dommuseum und Domklausur, wo wir auch alte Dokumente bestaunen können. Darunter die ersten schriftlichen Erwähnungen von Berlin und Cölln. Ansehen müssen wir uns auch das Altstädter Rathaus, vor dem seit 1474 der Roland wacht, und einen der vier noch erhaltenen Stadttortürme. Im Krieg konzentrierten sich die Angriffe auf die Innenstadt von Berlin. Weil Brandenburg dadurch weitgehend verschont wurde, gibt es hier viele historische Bauwerke zu bestaunen.

Tipp
Um diese wunderbare Strecke entlang der Havel und ihrer Seen so richtig genießen zu können, sollten Sie eine Übernachtung einplanen. Dafür bietet sich Potsdam an, das schon allein Programm für mehrere Tage bietet.

Etwas außerhalb der Innenstadt liegt das Industriemuseum. Hier wurde bis 1993 mit dem Siemens-Martin-Verfahren Stahl produziert – es war das letzte Stahlwerk Europas mit dieser Technologie. Mehr als Grund genug, dies zu konservieren!

Los geht´s
vor dem Bahnhof von Brandenburg (Havel), den wir über die Straße „Am Güterbahnhof" verlassen. Mit der Potsdamer Straße queren wir die Bahn, um dahinter links in die Berliner Straße abzubiegen. Nun haben wir den Havel-Radweg erreicht. Dieser bringt uns bestens beschildert und ausgebaut durch Wust, Gollwitz und nach ruhigen Kilometern nach Phöben. Hinter Werder wechseln wir das Havel-Ufer, um an Geltow und am Ufer des Templiner Sees vorbei nach Potsdam zu radeln.

Brandenburg an der Havel
mit seinem Kloster St. Johannis

11

Nachdem wir die letzten Häuser Brandenburgs hinter uns gelassen und uns auch das Gutsschloss von Gollwitz angesehen haben, wird es ruhig und idyllisch: Mal radeln wir direkt am Havelufer, mal etwas abseits. Mal tangieren wir kleine Seen, mal etwas größere wie den Trebelsee und neben uns geht es ab und an sogar etwas hügelig zu, wie am 109 m hohen Götzer Berg oder am 88 m hohen Haakberg.

Bei Werder müssen wir kurz vom Radweg nach links abzweigen und auf die Insel fahren, auf der sich die **Altstadt** befindet. An den kleinen, verwinkelten Gassen erheben sich wunderbare alte Fischerhäuser, eine Bock-

windmühle mit Museum und die Heilig-Geist-Kirche. Ebenfalls auf der Insel ist das Obstbaumuseum, in dem wir erfahren, dass das Wetter hier so mild und sonnig ist, dass Obst bestens gedeihen kann – es gibt in Werder sogar einen Weinberg!

Dann rollen wir ganz entspannt am Ufer des Templiner Sees vorbei, der viele Urlauber anzieht, was wir an gleich zwei Campingplätzen merken. Auf der anderen Uferseite liegt der Ort Caputh, wo sich Albert Einstein einst ein Sommerhaus gönnte.

Werder´s Altstadt
liegt malerisch auf einer Insel inmitten der Havel

11

Die Glienicker Brücke
von der Parklandschaft
Babelsberg aus gesehen

In Potsdam gibt es dann für jeden Geschmack etwas zu entdecken: Freunde des höfischen Genusses radeln geradewegs zum **Schloss Sanssouci** mit seinen Weinbergterrassen, den weitläufigen Parks und der Orangerie. Wer davon nicht genug bekommen kann, besucht auch noch das Belvedere auf dem Pfingstberg, das Belvedere auf dem Klausberg oder das Marmorpalais. Eher gediegener geht es zu im Holländischen Viertel, das noch heute aus 134 Häusern besteht und vom Nauener Tor begrenzt wird. Mit außergewöhnlicher Architektur begeistern uns das Alte Rathaus und das Brandenburger Tor. Filmfans widmen sich dem **Filmpark Babelsberg**, der über Jahrzehnte hinweg eines der wichtigsten Filmzentren des Landes blieb.

Weiter geht´s

von Potsdam über die Glienicker Brücke, hinter der wir direkt links abbiegen. Nach einer Bergwertung kommen wir in den Ort Wannsee. Hier wechseln wir nicht mit der Fähre auf´s andere Ufer, sondern bleiben auf dem Radweg entlang des Kronprinzessinnenweges und der Havelchaussee, bis wir nach Spandau kommen. Hier rollen wir über den Spandauer See, dann links bis zum Hohenzollernkanal. Ab hier radeln wir am Kanal entlang den Schildern des Radwegs Berlin-Kopenhagen folgend in die Innenstadt, wo unsere Tour am Hauptbahnhof endet.

11

Direkt hinter Potsdam radeln wir über die **Glienicker Brücke**, die im kalten Krieg als „Agentenbrücke" berühmt wurde, da hier in Nacht-und-Nebel-Aktionen Spione aus Ost und West ausgetauscht wurden. Heute erfreuen wir uns zunächst an der spannenden Architektur der Brücke und am benachbarten Glienicker Schloss, ehe wir entspannt am Wannsee entlang radeln und unsere Elektromotoren beim Erklimmen des „Berges" mal so richtig nutzen können.

In Spandau weitet sich die Havel zu einem See, so dass wir mit einem Zwischenstopp auf einer Insel auf die andere Seite radeln können. Zuvor sehen wir uns aber die Altstadt und die **Zitadelle** an.

Am Hohenzollernkanal entlang radeln wir ins Herz der Bundeshauptstadt Berlin. Nur ein paar Pedaltritte hinter dem Hauptbahnhof liegen die Highlights der Metropole, wie der Reichstag, das Bundeskanzleramt und das **Brandenburger Tor**. Vom Tor aus zieht sich die Prachtstraße „Unter den Linden" zum Schlossplatz und zum Dom. In die andere Richtung wird´s grüner, denn die breite Straße des 17. Juni führt durch den großen Tiergarten, unterbrochen von der Siegessäule. Zu sehen gibt es in Berlin unglaublich viel – doch zum Abschluss der Radtour bietet es sich eher an, am Spreeufer einzukehren und das quirlige Treiben der Millionenstadt auf sich wirken zu lassen. □

Der Dom

gehört zu den bekanntesten Berliner Wahrzeichen

Geheimnisvolle Fließe
erwarten uns auf unserer Radtour

12

DURCH DAS GRÜNE LABYRINTH

Rundtour von Lübbenau über Burg

12 DURCH DAS GRÜNE LABYRINTH

Länge: ca. 77 km, Beschilderung als Gurkenradweg. Keine Steigungen. Die Route führt meist über separate Rad- und Feldwege bzw. auf wenig befahrenen Nebenstraßen.

Höhenmeter: 44 hm

Start und Ziel: Bahnhof Lübbenau

Ein Akku ausreichend

Scan den QR-Code & hol Dir Deine Tour!

Schloss Lübben

Einst diente das Schloss als Residenz für Adlige und hatte eine strategische Bedeutung in der Region. Heute beherbergt es ein Museum, das die Geschichte und Kultur des Umlandes präsentiert. Besucher können zudem den Schlosspark erkunden, der zur Entspannung und zum Verweilen einlädt.

Gurkenmusem Lehde

In einem traditionellen Bauernhaus wird hier die Geschichte des Gurkenanbaus und der Verarbeitung anschaulich erzählt. Besucher können verschiedene Gurkensorten probieren und erfahren, wie die berühmten Spreewaldgurken hergestellt werden.

Das Biosphärenreservat Spreewald umfasst eine beeindruckende Fläche von 47.500 Hektar. Rund 1.500 km lang sind die Flussarme und Wasserläufe, die sich durch teils urwaldartiges Grün, teils durch weite Feuchtwiesen ziehen. Für uns als Besucher gibt es mehr als genug Gelegenheiten, den Spreewald kennenzulernen: Per pedes, per Kahn oder per E-Bike auf dem 260 km langen Gurkenradweg. Wenn es sich ermöglichen lässt, schalten Sie den Motor nur so selten ein, wie nötig. Denn diese herrliche Stille um uns herum ergibt mit der Natur eine unglaubliche Symbiose!

Radlerscheune

Eingebettet in die malerische Natur bietet diese Location eine willkommene Rast für Radfahrer und Naturliebhaber.

Weißstorchzentrum Vetschau

Im Weißstorchzentrum wird umfassend über das Leben und den Schutz der Weißstörche informiert. Besucher haben die Möglichkeit, die majestätischen Vögel aus nächster Nähe zu beobachten und mehr über ihre Lebensweise zu erfahren.

Leipe

Eingebettet in eine idyllische Landschaft bieten sich hier einzigartige Möglichkeiten, die Natur zu erleben. Die traditionellen Holzhäuser fügen sich harmonisch in die Umgebung ein. Besonders beeindruckend ist eine Fahrt mit einem Spreewaldkahn.

12

DURCH DAS GRÜNE LABYRINTH

Eine slawische Wallanlage war die Keimzelle der heutigen Stadt Lübbenau, die überragt wird von der Pfarrkirche St. Nikolai. Rund herum erstreckt sich eine sehenswerte Altstadt, deren Häuser fast komplett aus dem 18./19. Jh. stammen. Nicht weit entfernt liegt in einem 9 ha großen Park das strahlende **Schloss mit Orangerie**, Gerichtskanzlei und Marstall. Im Spreewald-Museum können wir nicht nur etwas über die Geschichte, sondern auch über die wendisch-sorbische Kultur erfahren.

Unübersehbar ist in Lübbenau, genau wie entlang unserer kompletten Strecke, dass man sich im Spreewald dem lebendigen Brauchtum verschrieben hat. Das wird schon an den Ortsschildern sichtbar, die auch stets den sorbischen Namen nennen. Die Sorben bzw. die Wenden sind ein Volk mit slawischer Abstammung, das es wie kaum ein anderes geschafft hat, sich seine alte Kultur zu erhalten.

Los geht´s

vor dem Bahnhof von Lübbenau, den wir nach links (Richtung Norden) über die Bahnhofstraße verlassen, um direkt Anschluss an den Gurkenradweg zu bekommen. Dessen Schilder geleiten uns zuverlässig durch grüne Natur nach Lübben. Unsere Tour setzt sich auf der anderen Seite der Schlossinsel fort und bringt uns auf verschlungenen Pfaden durch den dichten Wald. Wir tangieren Neu Zauche und Straupitz, ehe wir Burg erreichen.

Über eine Brücke gleiten wir auf die Schlossinsel mit dem eindrucksvollen **Schloss von Lübben** zu. Im Innern sehen wir uns das Stadt- und Regionalmuseum und den Wappensaal an, in dem

Schloss Lübbenau
Von einer ehemaligen Wasserburg zur Wellness-Oase

12

Eine Kahnfahrt gehört zum Spreewald-Besuch wie ein Gurken-Tasting

es 115 Wappenbilder zu bestaunen gibt. Rund um den Marktplatz gibt es Einkehrmöglichkeiten. Hier steht auch die Paul-Gerhard-Kirche, die nach einem ehemaligen Pfarrer und Kirchenliederdichter benannt wurde. Irdischer geht es entlang der alten Stadtmauer zu, von der noch der Hexenturm und der „Trutzer" übrig sind. Wem´s schon zu warm ist, der springt in Lübben in die Naturbadestelle der Spree-Lagune.
Sie haben noch keine Kahnfahrt unternommen? Auch in Lübben gibt es, wie in allen größeren Orten, entsprechende Angebote. Hier gibt es sogar Erlebniskahnfahrten mit Tanz, Musik und Nachtfahrt.

In Neu Zauche besuchen wir das Spintestuben-Museum, das uns vieles über die hier übliche Tracht berichtet. Bei Vorführungen können wir uns auch ansehen, wie nach alter Tradition gebuttert, gesponnen oder gewebt wird.

Ein kleiner Abstecher führt uns ins Herz von Straupitz mit seiner wuchtigen Dorfkirche, die mit gleich zwei quadratischen und 40 m hohen Türmen ins Land winkt. An der rund 200 Jahre alten Holländer-Windmühle können wir uns ansehen, wie die Technik von einst noch heute zuverlässig funktioniert. Ein Fläschchen frischen Leinöls gehört als Andenken mit in die Radtasche.

Burg zählt zu den schönsten und größten Orten des Spreewaldes – und besteht eigentlich aus drei Ortsteilen, die sich ähneln. Wer mag, steigt auf den Schlossberg und dann noch 29 m höher auf den Aussichtsturm und genießt einen tollen Weitblick über die Region. Wer nicht so hoch hinaus mag, besucht den Erlebnisbahnhof, die Heimatstube, das Infozentrum zum Biosphärenreservat oder das „ostalgische" DDR-Museum.

Weiter geht´s

von Burg mit mehrfach „abbiegen im Wald" via Naundorf und Suschow nach Vetschau. Durch die Stradower Teiche, Raddusch und Leipe radeln wir zurück nach Lübbenau.

Wer mehr erfahren möchte über das Leben der Störche, besucht in Vetschau das Weißstorchenzentrum, das sich auch kritisch mit den Gefahren auseinandersetzt, die wir Menschen den stolzen Vögeln antun. In der Innenstadt Vetschaus sehen wir uns die Altstadt, das Schloss und die Wendisch-Deutsche Doppelkirche an.

Wir radeln direkt durch Raddusch, eines der ältesten und größten Dörfer der Region sowie durch das denkmalgeschützte **Spreewalddorf Leipe**, das bis 1936 nur mit dem Kahn erreichbar war. Auch heute wird darauf geachtet, dass alles so bleibt, wie es einst war. □

Tipp

Es gibt zwei Dinge, die zu einem Spreewald-Besuch unbedingt dazu gehören: Die berühmten **Gurken** zu probieren, ist ohne Frage das Wichtigste, wenn wir schon kilometerlang dem putzigen Schild mit der radelnden Gurke folgen. Aber auch die Räder gut zu sichern und sich einer **Kahnfahrt** zu widmen, gehört fest ins Programm. Es ist ungemein beeindruckend, durch die urwaldartige Natur zu gleiten und zu erfahren, wie weitläufig und vielfältig diese Region ist.

13 AUF ALTEN BAHNEN DURCH ALTE ZEITEN

Rundtour von Bad Hersfeld über Geisa, Tann und Fulda

Bad Hersfeld
Die größte Stiftsruine der Welt bietet Festspiele der Superlative

13 AUF ALTEN BAHNEN DURCH ALTE ZEITEN

Das Radwegeschild könnte passender nicht sein: Ein lustiges Strichmännchen, das mit seinem Rad auf Schienen fährt. Freilich, der Komfort ist heute viel besser, weil die Schienen abgebaut sind. An deren Stelle wurde eine breite Trasse asphaltiert, auf der wir wunderbar durch das Hessenland gleiten können. Vom Kur- und Festspielort Bad Hersfeld geht es vorbei an der ehemaligen innerdeutschen Grenze ins prachtvolle Fulda. Der Radweg entlang des gleichnamigen Flusses bringt uns dann entspannt zurück zum Ausgangspunkt.

Länge: ca. 153 km
Perfekte, durchgehende Beschilderung zunächst als BahnRadweg Hessen, dann als Fulda- Radweg. Die Route führt mit nur wenigen Steigungen größtenteils über separate Rad- oder Feldwege.

Höhenmeter: 693 hm

Start und Ziel:
Bahnhof Bad Hersfeld

Aufteilung in mindestens zwei Etappen empfohlen, damit ein Akku pro Tag reicht

Bad Hersfeld
Bekannt ist die Stadt für ihre jährlichen Festspiele, die zahlreiche Besucher anziehen. Besonders beeindruckend ist die Atmosphäre in der historischen Stiftsruine, in der die Aufführungen stattfinden. Sie gilt als die größte romanische Kirchenruine Europas.

Fulda
Bekannt ist die Stadt für ihre barocke Pracht, die sich besonders im Dom St. Salvator widerspiegelt. Er beeindruckt mit seiner majestätischen Architektur und gilt als ein bedeutendes Zeugnis sakraler Baukunst.

Schenklengsfeld: älteste Linde Deutschlands

Im Zentrum des Ortes steht ein beeindruckendes Naturdenkmal – die mächtige Linde hat zahlreiche Generationen erlebt und gilt als Wahrzeichen der Region. Ihr Alter wird auf mehr als 1.000 Jahre geschätzt.

Milseburgtunnel

Mit einer Länge von mehr als 1,7 Kilometern gehört er zu den längsten Tunneln in Deutschland, die ursprünglich zu einer Bahntrasse gehörten und jetzt Radlern den Weg durch den Berg weisen.

Scan den QR-Code & hol Dir Deine Tour!

13 AUF ALTEN BAHNEN DURCH ALTE ZEITEN

Tipp

Die Stiftsruine ist jedes Jahr Schauplatz der Hersfelder Festspiele. Atemberaubend ist die Atmosphäre, wenn bekannte Musicals oder andere Aufführungen vor dieser Kulisse dargeboten werden.

Bad Hersfeld ist deutschlandweit gar nicht so recht bekannt. Warum eigentlich nicht? Die Kleinstadt bringt alles mit, was einen tollen Urlausort ausmacht: Eine sehr sehenswerte Altstadt mit einer einladenden Fußgängerzone, beste Unterkünfte und Einkehrmöglichkeiten, interessante Veranstaltungen und natürlich beste Regenerierung in den Thermalbädern. Einer der ersten Anlaufpunkte ist der ehemalige Stiftsbezirk. Hier finden wir mit der Lullusglocke die älteste datierte Glocke Deutschlands, Reste der Stadtmauer und vor allem die **größte romanische Kirchenruine** Deutschlands! Der Streifzug durch die Innenstadt führt uns vorbei am tollen Rathaus, an vielen Fachwerkhäusern, dem historischen Gasthof Stern, am Kurpark und am **Kurhaus**. Sie sehen – Abwechslung gibt es hier mehr als genug!

Los geht´s

am Bahnhof von Bad Hersfeld, den wir am hinteren Ausgang verlassen müssen. Dieser ist zum Glück vom Bahnhofsgebäude aus mit Fahrstuhl, Unterführung und Rampe gut zu erreichen. Unübersehbar sind die Schil-

der des BahnRadweg Hessen. Dieser lotst uns präzise heraus aus der Stadt und durch die Natur via Schenklengsfeld, Ransbach, Philippsthal, Buttlar und Geisa nach Tann (Rhön). Hinter Neuschwambach müssen wir Acht geben, denn wir folgen dem Radweg an der Gabelung nach rechts (auch „Milseburgradweg") über Eckwelsbach, Langenbieber und Wiesen nach Fulda.

Bad Hersfeld

Beste Genesung verspricht der Kurpark

Schenklengsfeld lockt uns mit alten Fachwerkhäusern, dem Rathaus und der Mauritiuskirche. Vor allem aber halten wir an, um uns die Älteste Linde Deutschlands anzusehen. Vermutlich ist diese Sommerlinde schon rund 1.250 Jahre alt!

Bei Philippsthal gibt es mit der unübersehbaren Abraumhalde des Kalibergwerks eine ganz besondere Sehenswürdigkeit. Durch den Ort selbst verlief einst die Grenze. Heute genießen wir das dreiflügelige Schloss und seine Orangerie.

13

Die Gegend um Geisa ist schon seit der Jungsteinzeit besiedelt. Der heutige Ort begeistert rund um den Marktplatz mit schönen alte Häusern, der wuchtigen Kirche St. Philippus und Jakobus und dem zentralen Marktbrunnen.

Tann ist ein schöner Ausflugsort in der Rhön, der uns mit seinem mittelalterlichen Stadtkern und vielen Fachwerkfassaden verzaubert. Es gibt gleich mehrere Museen, wie das Rhöner Museumsdorf und das Naturmuseum, aber auch ein Schloss mitsamt Brunnenanlage zu bestaunen. Wer mehr über die Natur in dieser Region erfahren mag, folgt in Hilders (nur ein kleiner Abstecher vom Radweg) dem Fisch- und Gewässerkunde-Lehrpfad.

Ein absolutes Highlight unserer Radtour ist ohne Frage die Fahrt durch den **Milseburgtunnel**. Wer lieber höher hinaus möchte, steigt auf den Berg Milseburg und genießt die Aussicht. Viele Sagen und Mythen ranken sich um diesen Berg.

Milseburg
Durch diesen sagenumwobenen Berg führt uns ein 1172m langer Tunnel.

Fulda
Der stolze Dom ist nicht nur regligiöses Zentrum Fuldas

13

Fulda
Mit Blütenpracht empfängt uns das Stadtschloss

Es war am 12. März 744, als der heilige Bonifatius den Auftrag gab, in Fulda ein Kreuz zu setzen. Die ersten beiden Kirchen, die danach an dieser Stelle errichtet wurden, gibt es inzwischen nicht mehr. Wohl aber das Grab des hl. Bonifatius und darüber der **Dom St. Salvator**, der zu einer der europaweit wichtigsten Kathedralen wurde. Am 14.08.1712 wurde das Gotteshaus geweiht und erhebt sich seitdem würdevoll auf dem Michelsberg über der Stadt. Was das prachtvolle Äußere verspricht, setzt sich im Innern fort. Das Mittelschiff gibt den Blick frei auf den reich verzierten Hochaltar, und auch die Nebenaltäre ziehen uns ebenso wie die Fresken in den Bann. Kein Wunder, denn der Petersdom zu Rom diente als Vorbild.

Wer nun dem Rausch des Barock erlegen ist, macht sich auf ins Barockviertel, das vom Stadtschloss dominiert wird. Auch die Universität und die Orangerie entstanden zu Zeiten des Barock. Ein Traum in Fachwerk ist das Alte Rathaus mit seinen verspielten Bögen. Es liegt mitten in der Altstadt, die uns weitere historische Gebäude, aber auch reichlich Möglichkeiten zur Einkehr bietet, so dass wir die Etappe bestens im Biergarten ausklingen lassen können.

Weiter geht´s

von Fulda nun auf dem Fulda-Radweg, auf den wir mitten in der Stadt in der Nähe des Flussufers treffen. Dieser führt uns durch´s Tal vorbei an Schlitz, Hartershausen, Niederaula, Unterschwarz und Queck zurück nach Bad Hersfeld.

In Lüdermund steht noch ein alter Wehrturm unweit unseres Weges. Ein kleiner Abstecher nach Schlitz ist sehr lohnenswert: Mit viel Fachwerk empfängt uns der historische Stadtkern rund um den Marktplatz. Im Schloss Hallenburg ist heute die Landesmusikakademie untergebracht, während in der Vorderburg das Burgmuseum auf uns wartet. ◻

Tipp

Die vielen Sehenswürdigkeiten in Fulda haben Sie zu sehr in den Bann gezogen? Das Wetter ist nicht so radfahrerfreundlich? Kein Problem: Wir können ganz entspannt von Fulda mit der Bahn zurück nach Bad Hersfeld fahren. Damit reduziert sich die Gesamtstrecke auf rund 100 km.

14

AUF ZWEI RÄDERN DURCH GESCHICHTE UND NATUR

Von Eisenach nach Altenburg

Wartburg
Im Inneren der Wartburg ist die Zeit stehen geblieben

14 AUF ZWEI RÄDERN DURCH GESCHICHTE UND NATUR

Länge: ca. 228 km, durchgehende Beschilderung. Einige kleine Steigungen. Die Route führt meist abseits des Straßenverkehrs über separate Rad- oder Feldwege.

Höhenmeter: 917 hm

Start: Eisenach

Ziel: Altenburg

Aufteilung in mindestens drei Etappen empfohlen, damit ein Akku pro Tag reicht

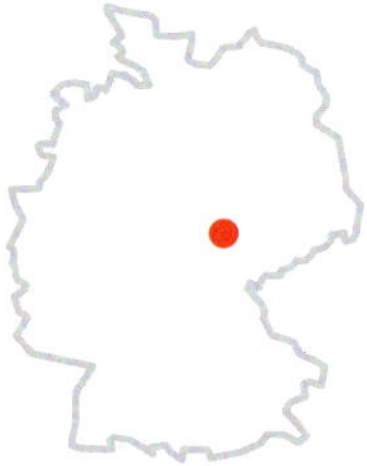

Erfurt

Die Krämerbrücke, eine der ältesten und längsten bewohnten Brücken Europas, ist ein Wahrzeichen der Stadt und beherbergt zahlreiche kleine Geschäfte und Kunsthandwerksläden. Zudem beeindruckt die Altstadt Erfurts durch ihre mittelalterliche Architektur und charmanten Gassen.

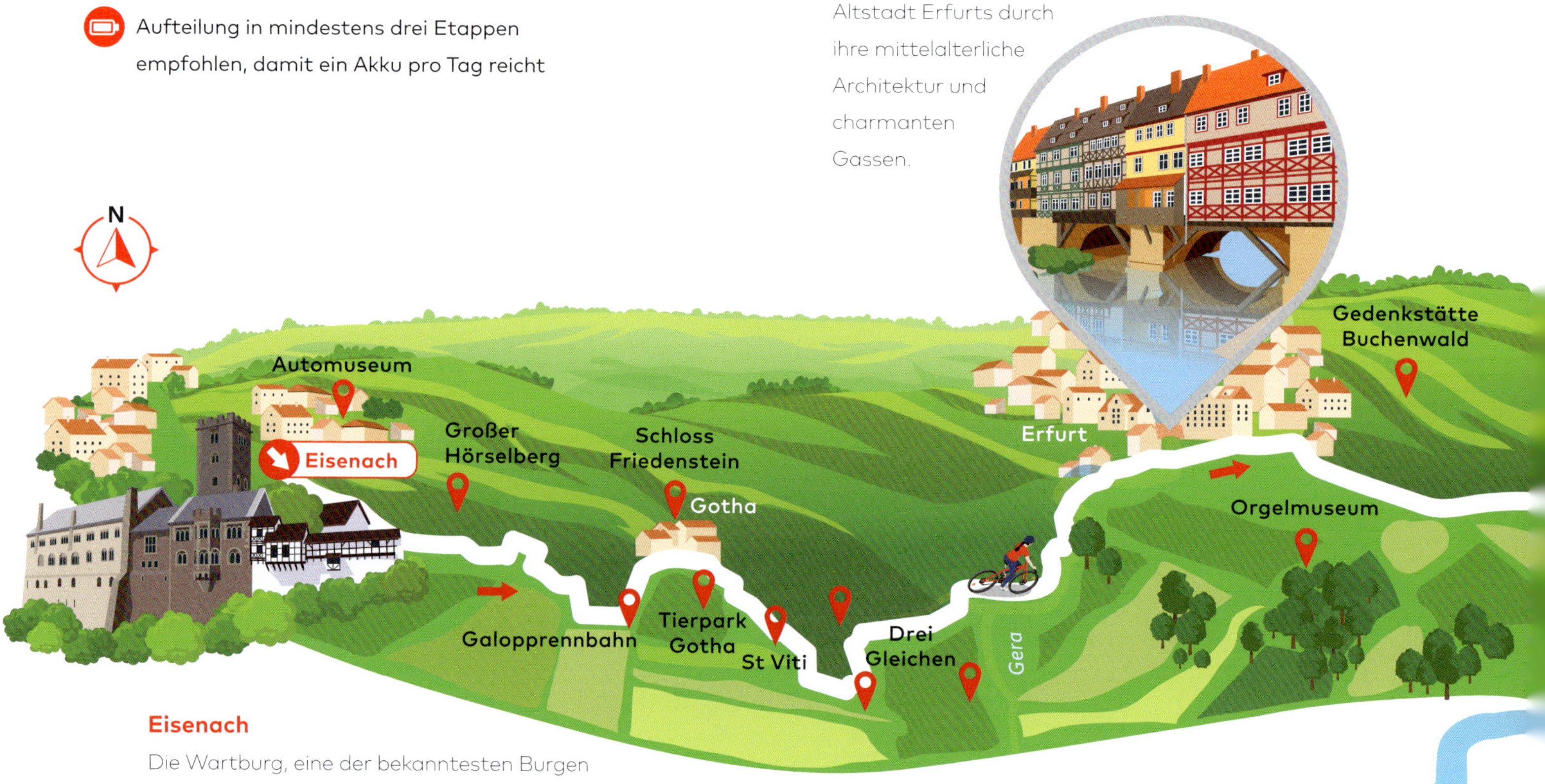

Eisenach

Die Wartburg, eine der bekanntesten Burgen Deutschlands, thront majestätisch über der Stadt und ist eng mit der Geschichte Martin Luthers verbunden. Darüber hinaus prägen gut erhaltene Fachwerkhäuser und historische Gebäude das Stadtbild Eisenachs.

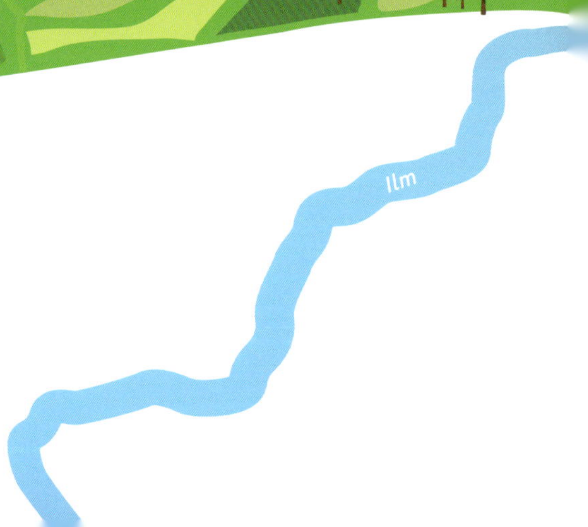

228 km lang ist der Radweg „Thüringer Städtekette"– hier ist der Name Programm: Wir rollen auf historischem Boden und kommen durch Städte mit klangvollen Namen wie Eisenach, Gotha, Erfurt, Weimar, Jena, Gera oder Altenburg. Doch auch die kleineren Orte zwischendurch verführen immer wieder zu kürzeren oder längeren Stopps. Schlösser, Burgen und alte Ortskerne säumen unseren Weg, der auch etwas sportlicher ambitionierten Fahrern entgegen kommt. Zwar gibt es keine echten „Bergwertungen", doch lässt uns das Thüringer Hügelland an der einen oder anderen Steigung schwitzen. Da alle Städte optimale Bahnanbindungen haben, wird uns das Radeln der Streckentour erleichtert. Auch die Erweiterung der Reise ist möglich, denn unser Radweg hat Anschluss an andere Fernradwege wie Herklues-, Wartburg-, Saale-, Werratal-, Im- oder Rennsteigradweg.

Weimar

Die Stadt ist geprägt von einer reichen kulturellen und intellektuellen Geschichte, die sich in vielen bedeutenden Bauwerken und Institutionen widerspiegelt. Hier fanden einige der bedeutendsten Ereignisse der deutschen Klassik statt, die bis heute Einfluss haben. Das Goethe-und-Schiller-Denkmal verkörpert die enge Verbundenheit und das kulturelle Erbe der beiden großen Dichter.

Altenburg

Die Stadt hat eine lange Geschichte, die bis ins Mittelalter zurückreicht und sich in vielen historischen Gebäuden widerspiegelt. Besonders bekannt ist sie für ihre Rolle in der Entwicklung des Skatspiels, das hier entstanden sein soll. Schloss Altenburg thront majestätisch über der Stadt und erzählt von einer bewegten Vergangenheit.

Scan den QR-Code & hol Dir Deine Tour!

14

AUF ZWEI RÄDERN DURCH GESCHICHTE UND NATUR

Um Eisenach rankt sich eine Vielzahl von Sagen und Legenden – die Stadt ist ein wichtiger Teil deutscher Geschichte. So ist es nicht verwunderlich, dass wir im Ort Industriemuseum, Automuseum, Burschenschaftsdenkmal, Bachhaus, Reuter-Villa, mehrere sehenswerte Kirchen und weitere herausragende Ziele finden. Das Highlight ist aber ohne Frage die **Wartburg**, die wir auf dem Drahtesel mit jeder Menge Schweiß erreichen können. Sie Strapazen lohnen sich: An der herrlichen Architektur kann man sich ebenso wenig satt sehen, wie an der Aussicht über die Region. Gut vorstellbar, wie Luther hier das Neue Testament übersetzte.

Los geht´s

in der Stadtmitte von Eisenach. Stets in der Nähe der Eisenbahn fahren wir über Schönau, Sättelstädt, Mechterstädt und Hörselgau nach Gotha. Mühlberg, Wandersleben, Apfelstädt und Ingersleben lauten die Orte auf dem Weg nach Erfurt. Wir rollen nördlich an Waltershausen vorbei, wo wir uns das Schloss Tenneberg ansehen können.

Gotha spielt in Sachen Prachtbauten in der ersten Liga der Städte. Allein Schloss Friedenstein wäre als größte frühbarocke Anlage Deutschlands eine Reise wert. Als wäre das nicht genug, lockt die Altstadt rund um das Renaissance-Rathaus mit barocken Fassaden. „Villa gotha", wie es 775 unter Karl dem Großen beurkundet wurde, verzaubert rund um den Butter- und Neumarkt jeden Gast.

Die Wartburg
Zurecht eine der meistbesuchten Burgen Europas

14

Erfurt
Eines der beliebtesten Fotomotive: die Krämerbrücke

St. Viti in Wechmar ist die größte Dorfkirche Thüringens. Mit der Veit-Bach-Mühle und dem Bach-Haus gibt es weitere Anlaufstationen. In letzterem ließen sich schon die Ahnen von Johann Sebastian Bach inspirieren.

Im Mai 1231 soll ein Kugelblitz alle drei Burgen gleichzeitig angezündet haben, die zwischen Mühlberg und Wandersleben stehen. Daraufhin haben die Bürger den Burgen der Sage nach den Namen „Drei Gleichen" verpasst.

Erfurt schmückt sich mit vielen Titeln: Luther-, Dom- und Blumenstadt beschreiben schon ganz gut, was uns als Besucher erwartet. Nicht nur die Fußgängerzone zieht sich durch malerische, gepflasterte Straßen und Gassen, auch die anderen Straßen und Gässchen werden von schönen alten Gebäuden gesäumt. Außergewöhnlich ist die **Krämerbrücke**. Sie ist 120 m lang und damit die einzige Brücke in Europa, die vollständig bebaut bzw. bewohnt ist. Der **Domplatz** ist Schauplatz des Wochenmarktes und ist zugleich einer der größten unbebauten Plätze in Deutschland. Wer auf die Ägidienkirche steigt, kann Erfurts Glanz von oben genießen.

Weiter geht´s

von Erfurt wieder in Bahnnähe über Niederzimmern und Hopfengarten nach Weimar. Über Mellingen erreichen wir Jena, wo wir ein Stück dem Saale-Radweg folgen, ehe wir links abbiegen nach Stadtroda. Nach kurviger Fahrt geht es über Hermsdorf nach Eisenberg, dann an der Weißen Elster entlang durch Bad Köstritz nach Gera.

1919 beschloss die Deutsche Nationalversammlung in **Weimar** die Gründung der ersten Deutschen Republik. Auf diese Geschichte blickt die Kleinstadt gerne zurück, aber auch darauf, dass Goethe, Schiller, Liszt und Nietzsche hier wirkten. Weil es zudem auch noch reichlich in der toll restaurierten Altstadt rund um die

14

Schloss Altenburg
präsentiert uns auch die
weltberühmten Spielkarten

Kirche St. Peter und Paul zu sehen gibt, wird Weimar jedes Jahr von rund 3 Mio. Gästen besucht.

Nördlich von Weimar liegt Schloss Ettersburg in einem Park auf dem Ettersberg. Es wurde zu Beginn des 18. Jahrhunderts für Herzog Wilhelm Ernst von Sachsen Weimar erbaut. Ebenfalls nördlich der Stadt liegt die Gedenkstätte Buchenwald. Sie erinnert an die Greueltaten, die im hier befindlichen KZ unter den Nazis begangen wurden. Aus 50 Nationen stammten die 250.000 Gefangenen, die hier unter menschenunwürdigen Bedingungen eingesperrt wurden. Über 50.000 von ihnen überlebten das Martyrium nicht.

Ein Abstecher führt von Weimar über den Ilmtal-Radweg nach Apolda, wo wir uns gleich drei interessante Museen ansehen können: Das Museum „Olle DDR", das Kunsthaus „Apolda Avantgarde", sowie das Glocken- und Stadtmuseum. Von Jena verläuft der Napoleon-Radwanderweg gen Norden. Er folgt dem Weg, den die Truppen Napoleons zum Schlachtfeld nahmen, als sie zur Doppelschlacht von Jena / Auerstedt antraten.

In Stadtroda lassen wir uns in den Ruinen der Klosterkirche ins Mittelalter entführen – das Bachufer draußen ist malerisch von Buntsandsteinen eingefasst. Dann radeln wir durch das Landschaftsschutzgebiet „Zeitgrund", ehe wir vor Hermsdorf eine Steigung zu verkraften haben. In Hermsdorf gab es einst ein Zentrum für Industriekeramik, woran noch einige Reste erinnern. Die müden Muskeln können wir in Bad Klosterlausnitz bei einem Moorbad erholen.

Bei Eisenberg gab es einst das berühmte Mühlental, woran auch das Mühltalmuseum „Naupoldsmühle" erinnert. Heute sind nicht mehr viele Mühlen in Betrieb, dafür halten viele von ihnen für uns einen lauschigen Biergarten bereit.

Gera war 2007 Schauplatz der Bundesgartenschau Von ihr ist am Hofwiesenpark unterhalb des Entdeckerturms noch einiges übrig geblieben, was uns Entspannung in schöner Natur beschert. In der Stadtmitte können wir uns über einen bestens erhaltenen Kern freuen. Die Geraer Höhler (kein Fehler) wurden im 17./18. Jahrhundert angelegt, um das Bier in Kellern und Gewölben kühl lagern zu können. Das Museum im Höhler Nr. 188 ist 11 m tief und 252 qm groß. Hier finden wir auch eine Ausstellung mit rund 700 Mineralien.

Weiter geht´s

im Schluss-Spurt via Ronneberg und Schmölln zu unserem Ziel in Altenburg.

Haben Sie schon die Thüringer Küche gekostet? Wenn nicht, wird´s langsam Zeit: Von Zwiebelkuchen über Rostbratwurst und Klößen gibt es vieles zu probieren. Auch der Schmöllner Mutzbraten, ein Stück Schweinefleisch, ist eine Versuchung.

Die Wettiner Fürsten wählten **Altenburg** zu ihrem Stammsitz, wovon noch das **Schloss** berichtet. Hier gibt es auch eine Ausstellung zu den Spielkarten, durch die Altenburg über die Grenzen hinaus bekannt wurde. Der weiträumige Marktplatz ist wie geschaffen dafür, unsere Tour ausklingen zu lassen. □

15 DER TRAUM VOM SÄCHSISCHEN MEER

Rundtour von Radebeul über Moritzburg, Radeberg, Dresden und den Elberadweg

Der Moritzburger Leuchtturm
Mystisch und mysteriös zugleich, weit weg vom Meer, mitten in Sachsen…

15 DER TRAUM VOM SÄCHSISCHEN MEER

Der Elberadweg wird seit Jahren mit Auszeichnungen geehrt - die Strecke schlängelt sich meist direkt am Flussufer entlang und ist bestens ausgebaut. Mit dieser Tour jedoch möchten wir Euch nur auf ein kleines Teilstück des Elberadwegs mitnehmen, und stattdessen zeigen, dass es abseits der Strecke noch viele weitere Highlights zu entdecken gibt!

Leuchtturm Moritzburg

Der kleine Leuchtturm diente einst als Kulisse für höfische Seeschlachten und maritime Feste. Mit seiner malerischen Erscheinung zieht er heute Besucher an und erinnert an vergangene Zeiten.

Schloss Moritzburg

Majestätisch auf einer Insel inmitten eines künstlichen Sees gelegen, ist das Schloss ein barockes Meisterwerk in der Nähe von Dresden. Berühmt für seine prächtigen Jagd- und Prunkräume, zieht es Besucher mit seiner märchenhaften Kulisse in seinen Bann.

Radeberg

Bekannt für sein traditionsreiches Radeberger Pilsner, das seit 1872 gebraut wird, zieht die Stadt Bierliebhaber aus aller Welt an. Historische Gebäude und charmante Straßenzüge verleihen Radeberg einen besonderen, nostalgischen Charme. Umgeben von einer malerischen Landschaft, bietet die Stadt eine harmonische Mischung aus Vergangenheit und Gegenwart.

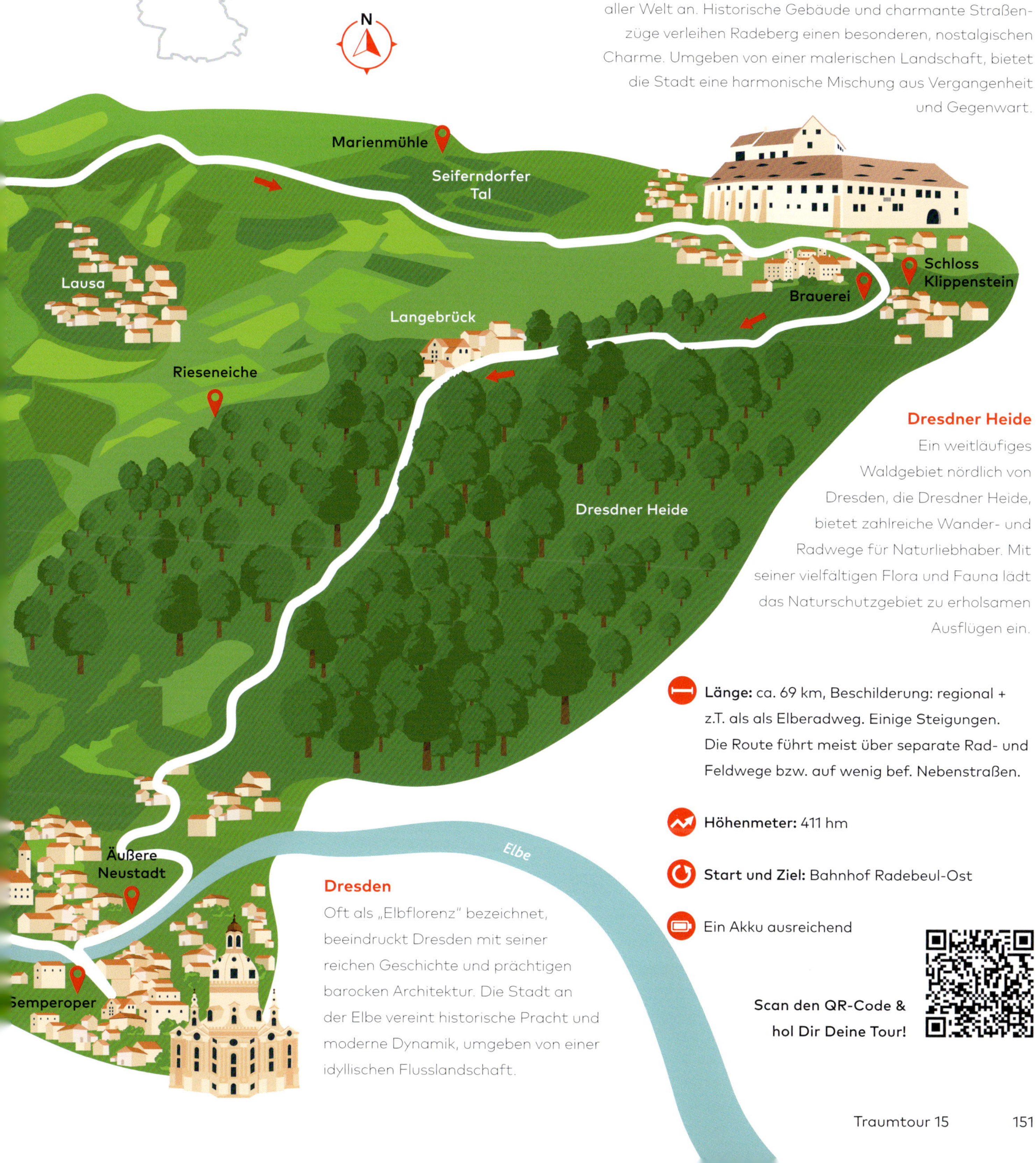

Dresdner Heide

Ein weitläufiges Waldgebiet nördlich von Dresden, die Dresdner Heide, bietet zahlreiche Wander- und Radwege für Naturliebhaber. Mit seiner vielfältigen Flora und Fauna lädt das Naturschutzgebiet zu erholsamen Ausflügen ein.

Länge: ca. 69 km, Beschilderung: regional + z.T. als als Elberadweg. Einige Steigungen. Die Route führt meist über separate Rad- und Feldwege bzw. auf wenig bef. Nebenstraßen.

Höhenmeter: 411 hm

Start und Ziel: Bahnhof Radebeul-Ost

Ein Akku ausreichend

Dresden

Oft als „Elbflorenz" bezeichnet, beeindruckt Dresden mit seiner reichen Geschichte und prächtigen barocken Architektur. Die Stadt an der Elbe vereint historische Pracht und moderne Dynamik, umgeben von einer idyllischen Flusslandschaft.

Scan den QR-Code & hol Dir Deine Tour!

15 DER TRAUM VOM SÄCHSISCHEN MEER

Radebeul geht quasi nahtlos in das Dresdner Stadtgebiet über. Viele Touristen widmen sich, wie auch wir später, der herrlichen Innenstadt von Dresden. Dabei hat auch Radebeul eine ganze Menge zu bieten: Von den historischen Gebäuden sind vor allem das Rathaus und die Lutherkirche hervorzuheben. Was aber die meisten Gäste anzieht, liegt ein paar Meter von unserem Start am Ostbahnhof entfernt: Das beeindruckende **Karl-May-Museum**, das 1928, genau 16 Jahre nach seinem Tode, hier in der Villa Shatterhand eingerichtet wurde. Es widmet sich intensiv dem berühmten Schriftsteller, der wohl wie kein zweiter mitreißende Wild-West-Geschichten schreiben konnte. Vieles ist hier im Originalzustand, auch der Henrystutzen und die Silberbüchse von Winnetou. Nebenan zeigt die Villa Bärenfett eine völkerkundliche Indianerausstellung. Gleich gegenüber wurde ein kleiner Park mit tollen Spielgeräten eingerichtet.

Tipp

Im Radebeuler Stadtteil Altkötzschenbroda wurden wunderbare alte Häuser originalgetreu restauriert. Inzwischen finden hier viele Events statt und die Einkehrmöglichkeiten sind besonders schön. Eine gute Idee also, nach der Tour hierher zu rollen.

Los geht´s

am Bahnhof Ost von Radebeul, den wir über Pestalozzi-, rechts Schilden-, rechts Maxim-Gorki-, links Eduard-Bilz-Straße und recht Augustusweg verlassen. Es geht schon bergauf, wenn wir im Wald links abbiegen nach Boxdorf. Von hier radeln wir über die Schulstraße durch den Ort und später links nach Moritzburg. Vor dem Schloss links einmal um den Schlossteich herum und weiter zum Großteich, am Leuchtturm rechts und den Schildern folgend durch Bärnsdorf, Marsdorf, Medingen, Hermsdorf, Grünberg, Schönborn und Lotzdorf nach Radeberg.

Bei unserer Ankunft in **Moritzburg** sind wir begeistert von den vielen historischen Hausfassaden entlang der Straße. Dann schweift der Blick über die schnurgerade Straße zum **Jagdschloss Moritzburg** – und die Münder stehen vor Staunen auf. Die Kulisse könnte anmutiger nicht sein: Mitten auf der künstlich angelegten Schlossinsel steht der barocke, vierflügelige Prachtbau, drumherum acht Wachhäuschen und eine exakt in der Sichtachse anschließende Parkanlage. In ihr steht das **Fasanenschlösschen** mit kleiner Hafenanlage und dem Venusbrunnen. Und, man mag es kaum glauben: Am See gibt es sogar einen **Leuchtturm**. Wir haben unsere Tour extra so angelegt, dass wir mit den E-Bikes gemütlich an allen Highlights direkt vorbei rollen können.

Schloss Moritzburg
thront würdevoll
auf seiner Insel

15

Wir kommen in die Stadt, in der deutschlandweit das erste Bier Pilsner Brauart produziert worden sein soll. Die **Radeberger Exportbierbrauerei** wurde bereits 1872 gegründet und bis heute fließen jährlich weit über 1,5 Millionen Hektoliter Bier aus den Abfüllhähnen.

Bei all´ dem Süffigen dürfen wir nicht vergessen, uns die **Innenstadt Radebergs** anzusehen: Rund um den Marktplatz finden wir viele historische Bauwerke, wie das Rokoko-Rathaus, vor dem eine Kursächsische Postmeilensäule steht. Schloss Klippenstein entstand einst aus einer Burg, was wir noch gut an der Vorburg oder am Hungerturm erkennen können.

Weiter geht´s

von Radeberg kurz über die Dresdner Straße, dann nach rechts in den Wald Richtung Langebrück, dort links halten auf Gänsefuß und durch die Heide in die Dresdener Neustadt. Nach dem Altstadtbesuch kehren wir auf diese Elbeseite wieder zurück und folgen dem Elberadweg ein Stück, ehe die Schilder uns zurück ins Zentrum von Radebeul leiten.

Wir gelangen durch die **Dresdener Neustadt** in die City und es wäre schade, hier einfach „durchzurauschen", denn in der Neustadt hat sich die Alternativen- und Künstlerszene niedergelassen. Wir streifen durch die Straßen und werfen den ein oder anderen Blick in die Hinterhöfe, die oft miteinander verbunden sind. Hier entdecken wir beeindruckende Street-Art, reich dekorierte Fassaden und kleine Studios und Boutiquen.

Die **Dresdner Innenstadt** quillt über an Sehenswertem. Daher ist es ratsam, auf der Elbebrücke anzuhalten, und zunächst dieses wundervolle Panorama auf sich wirken zu lassen. Von links nach rechts erblicken wir die Brühlsche Terrasse, die katholische Hofkirche, den Theaterplatz mit dem Zwinger und die Semperoper. Als ob diese eindrucksvolle Kulisse nicht schon allein eine Reise wert wäre, liegen direkt dahinter weitere Highlights wie der Fürstenzug, das Residenzschloss, die Frauenkirche oder die Kreuzkirche. Wer der Elbe flussaufwärts folgt, kommt vorbei am Lingnerpark mit

Dresden

Was schauen wir uns hier nur als erstes an?

Schloss, an der Brücke „Blaues Wunder" und einige Zeit später an Schloss Pillnitz. Technikfans werden vermutlich eher die Gläserne Manufaktur ansteuern und sich ansehen, wie ein Auto entsteht. Wer dann etwas Ruhe und Erholung sucht, rollt in den „Großen Garten", der 1676 angelegt wurde und mit 1,8 km^2 wirklich groß ist. An einer Seite des rechteckigen Parks liegt der Dresdner Zoo. Zum Abschluss des Dresden-Besuchs lassen wir uns in der Altstadt in einem der Biergärten oder Cafés nieder und genießen das quirlige Leben um uns herum. □

16 ZWISCHEN WEINBERGEN UND BURGEN

Von Cochem nach Koblenz

Burg Cochem
Die Reichsburg wacht über Cochem und Mosel

16 ZWISCHEN WEINBERGEN UND BURGEN

Wir starten im zurecht bei Besuchern sehr beliebten, weil wunderschönem Cochem, passieren herrliche Weinorte neben teils hoch aufragenden Weinbergen und beenden die Tour am Deutschen Eck in Koblenz, wo Mutter Mosel in den Vater Rhein mündet. Es mag vom Radweg her vielleicht der allerschönste Abschnitt des Mosel-Radwegs sein, denn wir haben meistens eine breite, eigene Trasse zum Radeln - und der Erlebnisreichtum ist hier nicht zu toppen!

Burg Eltz

Versteckt in einem bewaldeten Tal, ist die mittelalterliche Burg ein wahres Juwel der Rhein-Mosel-Region. Das Adelsgeschlecht derer von Eltz besaßen die Rechte an der Burg. Das Geschlecht bestand aus drei Linien, genannt nach den Wappen Eltz vom goldenen Löwen, Eltz vom silbernen Löwen und Eltz von den Büffelhörnern. So weit, so kompliziert, doch nun kommt hinzu, dass jede Linie das Recht hatte, hier oben auf dem befestigten Hügel ihr eigenes Haus zu errichten. Bis 1650 entstanden insgesamt 7 turmähnliche Bauten, die ineinander verwoben und bis zu 7 Stockwerke hoch waren. So empfängt uns heute ein auf den ersten Blick völlig wirres Zusammenspiel verschiedener Erker, Giebeln, Portalen, Türmchen und anderen architektonischen Einfällen.

Reichsburg Cochem

Majestätisch thront die Burg über der Mosel und bietet einen atemberaubenden Blick auf das umliegende Tal. Ihre beeindruckende Architektur und gut erhaltenen Innenräume ziehen jährlich zahlreiche Besucher an. Die Burg wurde im 11. Jahrhundert erbaut und im 19. Jahrhundert im neugotischen Stil restauriert. Umgeben von malerischen Weinbergen, vereint sie historische Pracht mit natürlicher Schönheit.

Deutsches Eck Koblenz

Am Zusammenfluss von Rhein und Mosel gelegen, bietet das Denkmal einen beeindruckenden Panoramablick. Das Reiterstandbild von Kaiser Wilhelm I. symbolisiert die deutsche Einheit und zieht viele Besucher an.

Festung Ehrenbreitstein

Hoch über dem Rhein thront die beeindruckende Anlage und bietet eine spektakuläre Aussicht auf Koblenz und das Umland. Als zweitgrößte erhaltene Festung Europas spielt sie eine bedeutende Rolle in der Geschichte der Region. Heute beherbergt sie Museen und kulturelle Veranstaltungen, die zahlreiche Besucher anziehen.

Länge: ca. 53 km, durchgehende Beschilderung als Moselradweg. Keine größeren Steigungen. Die Route führt meist über separate Rad- und Feldwege bzw. auf wenig befahrenen Nebenstraßen.

Höhenmeter: 73 hm

Start: Bahnhof Cochem

Ziel: Bahnhof Koblenz

Ein Akku ausreichend

Scan den QR-Code & hol Dir Deine Tour!

16 ZWISCHEN WEINBERGEN UND BURGEN

Cochem ist ohne Frage eines der Highlights im Moseltal. Bis zu 20.000 Besucher pro Tag können nicht irren! Die Besichtigung beginnt vielleicht am 1332 erbauten Enderttor. Es ist, wie das Balduintor eines der noch drei erhaltenen Tore der ehemaligen Stadtmauer. In der Altstadt, postieren sich die schönsten Gebäude um den Markt herum, unter ihnen das doppelstöckige Barockrathaus von 1739 und die Pfarrkirche St. Martin. Ungezählte Restaurants, Winzerstuben, Kneipen, Tanzlokale, Bars und „Erlebnisgastronomie" sorgen hier für ein ausgewogenes touristisches Angebot.

Tipp

Wer am Wochenende hier ist, hat die Möglichkeit, an einem Rittermahl teilzunehmen. Nach einer Burgführung wird im Steinbecher guter Moselwein kredenzt und historisch getafelt.

Nicht zu übersehen ist das Wahrzeichen Cochems, die **Reichsburg**. Unter Pfalzgraf Ezzo entstanden um 1000 die ersten Bauten, ehe sie 1151 durch die Staufen zur Reichsburg erhoben wurde. Wer durch den Aufstieg außer Atem ist, kann in der Burgschänke ausruhen, ehe in der Burgführung alles Wissenswerte über die Anlage vermittelt wird. Eine Greifvogelschau gibt es auch hier oben zu bewundern. Eine Sesselbahn bringt uns auf der anderen Talseite hinauf auf das „Pinner Kreuz". Dies trägt den Namen aufgrund der Legende, dass hier ein Schäfer namens Pinner abgestürzt sein soll. Nach einer Stärkung im Terrassencafé geht es dann mit dem Sessel oder per pedes durch die Weinberge wieder talwärts. Am anderen Moselufer gibt es im Ortsteil Cond direkt neben der Brücke die historische Senfmühle von 1810. Bei einer Führung erfahren Sie alles über „scharfe Sachen" und dürfen diese auch selbst probieren. Zudem lockt Cond mit der Pfarrkirche St. Remaclus und dem Aussichtspunkt „Brauseley".

Los geht´s

vor dem Bahnhof von Cochem, den wir zum Moselufer hin verlassen und dort direkt Anschluss an den bestens ausgebauten Moselradweg haben. Ein „Verfransen" ist nahezu ausgeschlossen, denn die Schilder führen uns meist parallel zur Straße vorbei an Klotten, Pommern, Treis-Karden, Müden und Moselkern.

Nach etwa 3 Kilometern führt ein Wegweiser nach links auf den Berg zum Wild- und Freizeitpark Klotten, der 15 Fahr- und Spaßattraktionen, wie die schon aus dem Tal zu sehende Achterbahn, Schlauchbootrutsche etc. und über 100 Tier- und Vogelarten, darunter echte Bären, bietet.

Burg Cochem
Der Herbst ist die vielleicht schönste Reisezeit

16

Burg Eltz

„hoch, großartig, fremd", aber keineswegs „düster"

Der Ort Klotten gefällt durch einige Fachwerkhäuser aus dem 17.Jh., die von der Kirche Maximin (16.Jh.) überragt werden. Erstmals erwähnt wurde er 698 als „mons Chlothriensis". Klotten war einst ein bedeutender Ort bei der Verarbeitung und des Transportes von Moselschiefer. Hinter den Bahngleisen sind in Pommern die Pfarrkirche St. Stephan (Teile von 1786), das älteste Pfarrhaus des Bistums Trier (1256) und der Himmeroder Hof zu sehen, der 1550 als klösterlicher Wirtschaftshof entstand. Der Ortsname stammt übrigens vom römischen Pomarium, Obstgarten.

Neben der Stiftskirche St. Kastor gibt es in Karden weitere historische Gebäude wie das doppelstöckige ehemalige Propsteigebäude, die alte Stiftsschule, das Zehnthaus, oder einige Kanonikerhäuser zu entdecken. Auf der anderen Moselseite verwöhnt der Ortsteil Treis uns mit gleich zwei Burgruinen. Auf einem schmalen Bergrücken, der durch die Flüsschen Dünn- und Flaumbach umschlungen wird, wurden im 11.Jh. die Burg Treis und nur etwa 100 Jahre später die Wildburg errichtet.

An der Mündung des Elzbaches liegt das Örtchen Moselkern, das bereits seit fränkisch-karolingischer Zeit besiedelt war. Sehenswert sind die Pfarrkirche St. Valerius von 1781 und das ehemalige Rathaus von 1535, das übrigens das älteste Rathaus der Mosel ist.

Tipp

In Moselkern können wir einen äußerst lohnenswerten Abstecher in das romantische Elzbachtal unternehmen: Majestätisch thront sie weit sichtbar auf einem 70 m hohen Felsen über dem Tal: **Burg Eltz**, die, wie Victor Hugo sagte, „hoch, großartig, fremd und düster" erscheint.

Weiter geht´s

von Moselkern via Hatzenport, Löf, Kobern-Gondorf, Winningen, Güls und Moselweiß nach Koblenz, wo unsere Tour am Bahnhof endet.

Bei **Hatzenport** sehen wir uns den schönen Bruchstein-Fährturm und einige schöne Bruchsteinhäuser an. Etwas im Hintergrund steht die Pfarrkirche St. Rochus, ebenfalls ein attraktiver Bruchsteinbau. Kobern-Gondorf lockt uns als nächster Doppelort zu einem Aufenthalt, denn unser Radweg führt mitten durch die Oberburg. Sie ist quasi der „zweite Bauabschnitt" der gesamten Anlage, deren erster Teil die Niederburg ist. Beim Besuch des Ortes werden die enormen Ausmaße der Burganlage so richtig deutlich, zu der auch die ehemalige Weinkellerei, das mittelalterliche Wach- und Zollhaus, die St. Laurentiuskapelle und St. Marienhof gehörten.

16

Festung Ehrenbreitstein

Mit besten Aussichten werden wir über den Rhein zur Festung geliftet

„Das erste Weindorf im Moseltal" wurde Winningen mehrfach prämiert. Am Moselufer steht der Weinhex-Brunnen, in der Ortsmitte mit dem Horntor ein Rest der Bewehrung und das Hofgut der Freiherren von Heddesdorf (1840). Im Ortskern gibt es neben zahlreichen Fachwerkhäusern eine Kirche zu sehen, deren älteste Teile von 1200 stammen. Das Wein- und Heimatmuseum zeigt nicht nur Interessantes zum Wein.

Könnten wir die Mosel schöner verabschieden als in der altehrwürdigen Stadt Koblenz? Zu sehen gibt es hier unglaublich viel: Am Deutschen Eck, wo die Mosel in den Rhein mündet, steht das Reiterstandbild Wilhelms I. Nicht weit entfernt liegen das ehemalige Verwaltungsgebäude der Deutschherrenkommende, das Ludwig Museum und die katholische Pfarrkirche St. Kastor.

Auf dem Weg in die Innenstadt kommen wir vorbei an der Florinskirche, dem „Alten Kauf- und Danzhaus" und an der ehemaligen kurfürstlichen Burg. Balduinsbrücke, Münzplatz mit Haus Metternich, Liebfrauenkirche, Rathaus, das ehemalige kurfürstliche Schloss – was sehen wir uns nur zuerst an? Vielleicht folgen Sie aber auch einfach unserer Empfehlung: Sich mit einer guten Brotzeit am **Deutschen Eck** niederlassen und das quirlige Treiben um uns herum in aller Ruhe beobachten. □

Tipp

Mutige überqueren mit der Seilbahn den Rhein und erreichen auf der anderen Seite in schwindelerregender Höhe die **Festung Ehrenbreitstein**. Hier haben wir nicht nur eine der größten Festungsanlagen Deutschlands erreicht, sondern auch einen phänomenalen Ausblick auf das Deutsche Eck und die umliegende Region.

592

17 AUF DEN SPUREN DER NAHE

Von Idar-Oberstein nach Bingen

Nahetal bei Bad Kreuznach
In himmlischen Schleifen windet sich die Nahe durch ihr grünes Tal

17 AUF DEN SPUREN DER NAHE

Diese Radtour ist etwas Besonderes in diesem Buch, denn wir nehmen uns einen Fluss-Radweg unter die Pneus und zwar fast auf der gesamten Länge. Der Nahe-Radweg ist dafür wie geschaffen, denn die Strecke ist ungemein attraktiv wegen der vielen Sehenswürdigkeiten entlang der Strecke, gleichwohl ist sie aber nicht so überlaufen wie andere „Fluss-Klassiker". Der komplette Radweg misst 120 km, um mit den Akkus sicher ans Ziel zu gelangen, nehmen wir uns die rund 77 km von Idar-Oberstein bis zur Mündung vor.

Länge: ca. 77 km, Beschilderung als Nahe-Radweg. Einige kleinere Steigungen im gesamten Verlauf. Die Route führt meist über separate Rad- und Feldwege bzw. auf wenig befahrenen Nebenstraßen.

Höhenmeter: 138 hm

Start: Bahnhof Idar-Oberstein

Ziel: Bahnhof Bingen

Ein Akku ausreichend

Nahe-Skywalk

Der Nahe-Skywalk ist eine Aussichtsplattform über einem alten Steinbruch, die ca. 130 m über dem Nahe-Flussbett gelegen einen tollen Ausblick auf das Nahetal ermöglicht.

Felsenkirche

Tief in den Fels gehauen, wurde die Kirche im 15. Jahrhundert erbaut. Der Bau galt als göttliche Sühne für einen Mord und hat bis heute eine mystische Aura bewahrt.

Rheinland-Pfälzisches Freilichtmuseum

Um das Alltagsleben der Menschen aus den letzten 500 Jahren zu veranschaulichen, wurden hier mehr als 40 Stein- und Holzhäuser wieder aufgebaut, die zuvor an ihren jeweiligen Standorten abgebaut wurden. Dorfschmiede und Wassermühle, Kaufmannsladen und Kegelbahn, Winzer- und Bauernhöfe und weitere Gebäude laden zu einer Reise in die Vergangenheit ein.

Mäuseturm

Errichtet im 14. Jahrhundert, diente der Turm ursprünglich als Zollstation und Wachturm zur Überwachung des Rheins. Der Name des Turms geht auf eine Legende zurück, die von einem Bischof erzählt, der von einer Mäuseplage heimgesucht wurde.

Burg Klopp

Ursprünglich im 13. Jahrhundert erbaut, diente die Burg als bedeutende Festungsanlage und Verwaltungssitz. Mehrfach zerstört und wiederaufgebaut, zeigt sie heute noch Spuren ihrer bewegten Geschichte.

Heimbergturm

Der Heimbergturm ist ein 29m hoher Aussichtsturm aus 85 Jahre alten Douglasienstämmen. Von hier aus habt Ihr einen fantastischen Panoramablick über den Naturpark Soonwald-Nahe.

Brückenhäuser Bad Kreuznach

Im 15. Jahrhundert wurden die Häuser auf den Brücken errichtet, um den begrenzten Platz optimal zu nutzen. Diese einzigartigen Bauten entstanden aus der Notwendigkeit heraus, Wohnraum zu schaffen, ohne zusätzliches Land zu beanspruchen.

Klosterruine Disibodenberg

Im 7. Jahrhundert lies sich hier der Wandermönch Disibod nieder. Nach seinem Tod entstand ein Kloster, welches jahrhundertelang immer weiter ausgebaut, bevor es im 16. Jahrhundert verlassen wurde. Heute steht es unter Denkmalschutz und im Archäologischen Museum bekommt Ihr eine Vorstellung, wie prächtig die große Abteikirche einmal war.

Scan den QR-Code &
hol Dir Deine Tour!

17 AUF DEN SPUREN DER NAHE

In Idar-Oberstein dreht sich scheinbar die ganze Welt um Edelsteine. Der Schein bekommt auch an vielen Stellen ein spannendes Gesicht, denn die umliegenden Edelsteinminen im Steinkaulenberg, das Deutsche Edelsteinmuseum, der Edelsteinbrunnen, die Historische Weiherschleife, das Museum Idar-Oberstein und die Edelstein-Erlebniswelt entführen uns in diese faszinierende, glitzernde Welt, aus der wir gar nicht wieder auftauchen möchten. Das Industriedenkmal „Bengel" erklärt uns darüber hinaus, wie seinerzeit Ketten- und Bijouteriewaren (Schmuckgegenstände) hergestellt wurden. Wem das immer noch zu „pompös" erscheint, der widmet sich der sagenumwobenen und atemberaubend positionierten **Felsenkirche** oder den Burgen Bosselstein und Schloss Oberstein. Es wird also schwer fallen, sich von all´ dem Sehenswertem loszureißen und auf die E-Bikes zu schwingen!

Tipp

Bei Fischbach lockt ein Abstecher in das Historische Kupferbergwerk. Ein Besuch führt uns tief in den Berg hinein und zugleich in eine völlig andere Welt. Allein die Dimensionen des Bergwerks lassen die Herzen höher schlagen.

Los geht´s

am Bahnhof von Idar-Oberstein, wo wir direkt in den Nahe-Radweg einsteigen können. Dieser führt uns durch das teils enge Tal entlang der Bahn und der B41 via Nahbollenbach, Weierbach, Fischbach, Kirn, Hochstetten-Dhaun, und Meddersheim nach Bad Sobernheim.

Auf unserem Weg durch das Nahetal radeln wir unterhalb der Ruine Naumburg her in die Stadt Kirn. In den Resten der alten Kyrburg besuchen wir hoch über den Häusern das Whiskymuseum, in dem wir nicht nur alles über die Herstellung des edlen Getränks erfahren, sondern dies natürlich auch verkosten können.

War es wirklich Wyrich von Oberstein
der mit seinen eigenen Händen
die Felsenkirche erschuf?

17

Tipp
Wer etwas mehr Zeit mitgebracht hat, begibt sich auf den Panorama-Weg, der seinem Namen alle Ehre macht: Entspannt flanieren wir mit besten Aussichten über Bad Kreuznach und über das Nahe-Tal.

In Bad Sobernheim haben wir in etwa die Hälfte unserer Radtour absolviert. Genau der richtige Ort also, um eine Erholungspause einzulegen. Emanuel Felke, ein evangelischer Pastor, lebte zwischen 1915 und 1925 hier in Bad Sobernheim und entwickelte hier eine spezielle Kurform, zu der neben Bewegung im Freien und gesunder Ernährung auch Lehmbäder und Einreibungen mit Lehm gehörten. Als klarer Vorreiter der Naturheilkunde wurde er auch gerne als „Lehmpastor" belächelt, die Erfolge gaben ihm aber schließlich recht. Bis heute können wir in Bad Sobernheim Felke-Kuren durchführen und für die eiligen „Durch-Radler" gibt es am Radweg einen 3 km langen Barfußpfad.

Ein wunderschöner Anblick
Die Brückenhäuser von Bad Kreuznach

Wer sich lieber den „zünftigen" Genüssen hingeben mag, schlendert durch die Gassen der Innenstadt, bewundert die alten Hausfassaden oder besucht das Rheinland-Pfälzische Freilichtmuseum.

Weiter geht´s

von Bad Sobernheim auf dem bestens ausgebauten und gekennzeichneten Nahe-Radweg durch Boos, Niederhausen, Bad Münster am Stein-Ebernburg, Bad Kreuznach, Bretzenheim und Gensingen nach Bingen. Hier steuern wir den beschilderten Bahnhof an, um unsere Tour zu beenden.

17

Mäuseturm

Hier soll sich einst der Mainzer Erzbischof Hatto II. vor „wütenden Mäusen" versteckt haben

Die Stadt mit dem klangvollen Namen „Bad Münster am Stein-Ebernburg" empfängt uns mit vielen kleinen historischen Häusern, in denen wir vielfach Wein verkosten und uns an einem schön gedeckten Tisch niederlassen können.

Mit Bad Kreuznach erreichen wir die größte Stadt unserer Radtour. Bis heute können wir das Flair der mondänen Bade- und Kurstadt gut nachempfinden. Prunkvolle und zugleich moderne Hotels mit Wellness-Einrichtungen, bestens gepflegte Parks, ein schickes Kurhaus, ein Bäderhaus mit Saunalandschaft und vieles mehr machen den Aufenthalt zu einem Erlebnis. Dazu kommt eine sehenswerte Altstadt, die mit den **Brückenhäusern** ganz außergewöhnliche Fotomotive zu bieten hat. Zu den Highlights der Stadt gehören auch „Klein-Venedig", der Eiermarkt und der Salzmarkt – die Zeit ist einfach zu knapp, um alles ausreichend zu genießen! Daher kommen wir bestimmt nochmals wieder.

In Bingen endet die rund 120 km lange Reise der Nahe, indem sie in den Rhein mündet. Die Weinstadt Bingen gibt ihr dafür den würdigen Rahmen, denn gut bewacht von der weit oben liegenden **Burg Klopp** finden wir viele schöne Häuser in der Altstadt Bingens. Besonders schön ist es entlang des Rheins. Hier können wir auch einen Blick auf den berühmten **Mäuseturm** erhaschen, der malerisch mitten im größten Strom Europas aus den Fluten ragt. □

18 GEHEIMNISVOLLE NATURSCHAUSPIELE

Rundtour von Saarlouis

Naturwunder Saarschleife

18 GEHEIMNISVOLLE NATURSCHAUSPIELE

Auf dieser Tour werden wir völlige Gegensätze erleben: Für lange Zeit radeln wir in ständigem Auf und Ab in der Nähe der deutsch-französischen Grenze, während wir viel Natur und Aussichten genießen. Ganz anders erleben wir die Kilometer entlang der Saar: Völklingen mit dem UNESCO-Welterbe, Dillingen mit seiner Innenstadt und natürlich Saarlouis, das bis heute in dem sechseckigen Festungsstern eingebettet liegt.

Länge: 92 km (+ 50 km für den Abstecher zur Saarschleifen-Aussicht) gute, regionale sowie Beschilderung als Saarland-Radweg. Einige Steigungen. Die Route führt meist über separate Rad- und Feldwege bzw. auf wenig befahrenen Nebenstraßen.

Höhenmeter: 660 hm (+ 400 hm)

Start und Ziel: Bahnhof Saarlouis

Empfohlen als Zwei-Tages-Tour, damit ein Akku pro Tag reicht

Scan den QR-Code & hol Dir Deine Tour!

Saarschleife / Baumwipfelpfad

Mit ihren spektakulären Ausblicken lockt die malerische Flussschleife zahlreiche Besucher an. Der nahegelegene Baumwipfelpfad bietet eine einzigartige Perspektive aus luftiger Höhe und führt bis zu einem Aussichtsturm mit Blick über das Naturwunder.

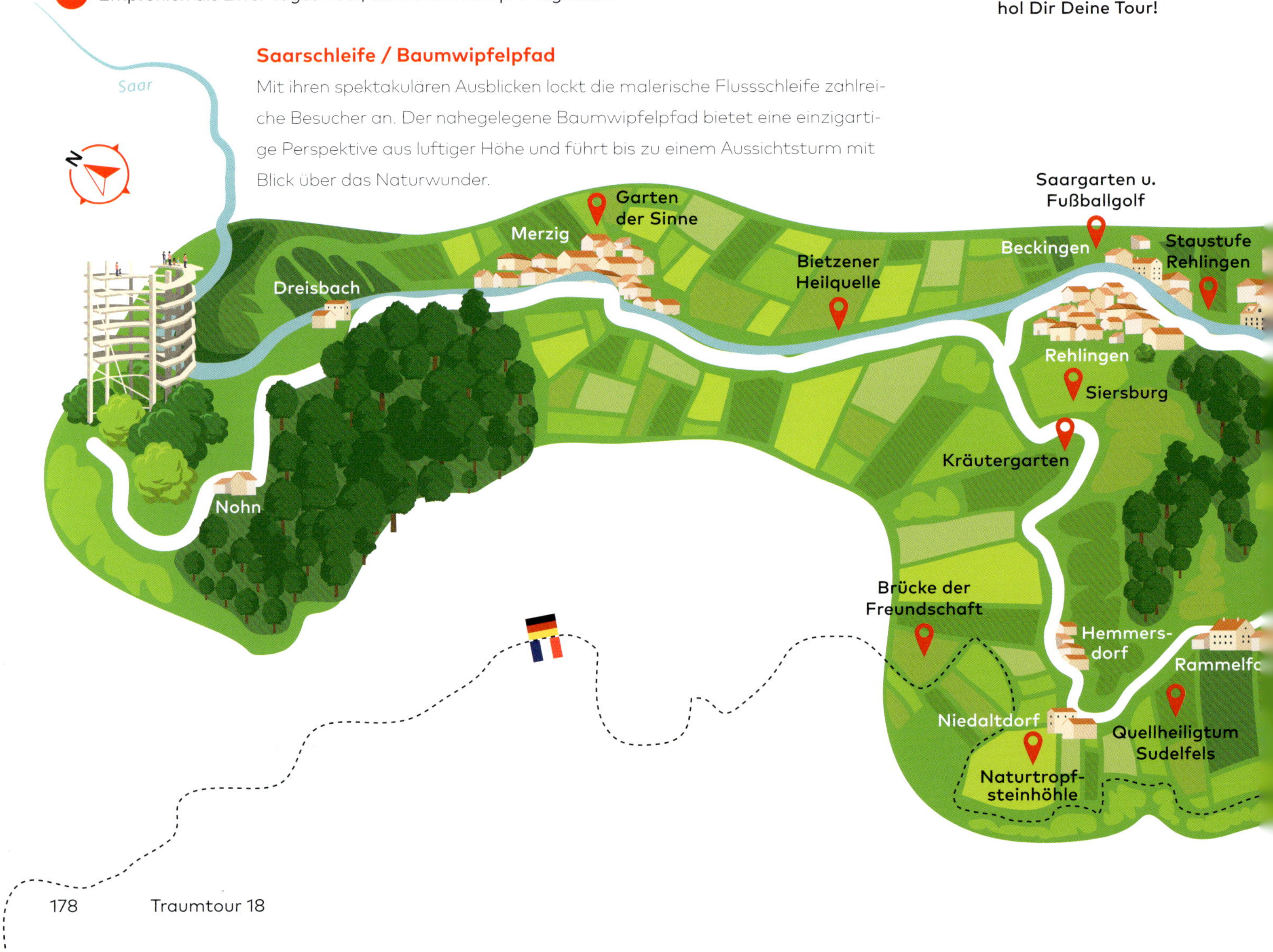

Saarlouis

Als Verteidigungsanlage wurde die Stadt im 17. Jahrhundert von Vauban, dem berühmten Festungsbaumeister, errichtet. Die sternförmige Struktur und zahlreiche Bastionen zeugen noch heute von ihrer ursprünglichen militärischen Bedeutung.

Völklinger Hütte

Einst als gigantisches Eisenwerk erbaut, steht das Industriedenkmal heute als UNESCO-Welterbe für den Wandel von Schwerindustrie zur Kulturstätte. In den beeindruckenden Hallen und stillgelegten Hochöfen finden heute Kunstausstellungen und Veranstaltungen statt. Die monumentale Anlage erzählt von der glanzvollen und zugleich harten Geschichte der Stahlproduktion.

18 GEHEIMNISVOLLE NATURSCHAUSPIELE

Egal, ob vor oder nach der Tour: Ein Besuch der City von Saarlouis gehört zum Pflichtprogramm, denn die Stadt ist unglaublich: Der „Sonnenkönig" Ludwig XIV gab seinerzeit den Auftrag, eine **Festungsstadt** namens „Sarrelouis" nach Plänen des Baumeisters Vauban errichten zu lassen. Bis heute konnte die sechseckige Sternform der Verteidigungsanlage erhalten werden. Kasematten, Wasserläufe, Waffen, fast alles ist noch in unveränderter Form da. Und mittendrin liegt eine sehenswerte Altstadt mit vielen historischen Gebäuden und der katholischen Kirche St. Ludwig und St. Peter und St. Paul am Markt. Rund um den Markt laden uns viele Cafés und Biergärten zum Verweilen ein.

Los geht´s

am Bahnhof von Saarlouis, den wir geradeaus zur Saar hin verlassen. Nachdem wir die Brücke passiert haben, rollen wir auf dem Saar-Radweg flussabwärts, stets zwischen A8 und Fluss. Unterwegs liegt am anderen Ufer Dillingen, bevor wir hinter der Staustufe die Autobahn passieren, an Rehlingen vorbei radeln und den Niedtal-Radweg erreichen. Wenn wir die Saarschleife sehen wollen, beginnt hier unser 50 km - Abstecher (hin und zurück), für den wir weiter der Saar vorbei an Merzig bis Dreisbach folgen. Dort geht es bergauf aus dem Tal heraus über Nohn zum Baumwipfelpfad.

„Zu hart der Stein, dachte sich die Ur-Saar, bog rechts um und schuf dem Saarland sein Wahrzeichen." Mit diesen blumigen Worten wird die vielleicht **schönste Fluss-Schleife Deutschlands** sehr passend umschrieben. Die Schweißperlen hinauf zum „Cloef" lohnen sich mehrfach: Wie gebannt blicken wir vom Aussichtspunkt auf die Saar, die 180 m unter uns diese eindrucksvolle Biegung vollzieht. Der harte Stein namens Taunusquarzit sorgte nicht nur für dieses Naturwunder, sondern auch für diesen hervorspringenden Felsen, auf dem wir stehen.

Wir sollten unbedingt auch den **Baumwipfelpfad** besuchen, der sich gleich neben dem Cloef in die Höhe reckt. 1.250 m lang und bis zu 23 m hoch geleitet er uns an den Baumkronen vorbei und sorgt an vier Stationen für unterhaltsame Informationen. Das Highlight im wahrsten Sinne des Wortes ist der 42 m messende Aussichtsturm, von dem aus wir eine atemberaubende Fernsicht in alle Himmelsrichtungen genießen können.

Nur für Schwindelfreie
Der Baumwipfelpfad

18

Die Völklinger Hütte
erinnert an die glorreiche Industriegeschichte

Zurück geht es genau wie wir gekommen sind bis kurz vor Rehlingen wieder an den Niedtal-Radweg. Dieser geleitet uns nach Hemmersdorf. Dahinter heißt es: E-Motoren an und hinauf nach Rammelfangen. In stetigem Auf und Ab radeln wir via Kerlingen und Ittersdorf nach Berus.

Auf unserer Tour haben wir nicht nur immer wieder kleinere und größere Steigungen zu bewältigen, sondern können uns unterwegs immer wieder abwechslungsreichen Sehenswürdigkeiten widmen: Bei Niedaltdorf ist es eine Tropfsteinhöhle, bei Gisingen Haus Saargau, ein restauriertes Lothringer Bauernhaus, oder die St. Oranna-Kapelle.

Dabei radeln wir eine ganze Weile an der deutsch-französischen Grenze entlang, was bei Berus den Höhepunkt findet, denn kurz vor dem Ort steht am höchsten Punkt das Europa-Denkmal, das an die Freundschaft der beiden Länder erinnert.

Weiter geht´s

von Berus mit weiteren Steigungen durch Überherrn, Lauterbach, Karlsbrunn, und Großrosseln nach Geislautern zurück an die Saar. Nach dem obligatorischen Abstecher nach Völklingen sind wir rasch zurück in Saarlouis.

Kaum zurück an der Saar, müssen wir das Flussufer wechseln, denn hier liegen die imposanten Anlagen der **Völklinger Hütte**. Schon im Jahre 1994 wurde die Eisenhütte als UNESCO-Weltkulturerbe eingestuft. Der Rundgang durch das alte Werk vermittelt einen guten Eindruck über die unglaubliche Größe der Produktionsstätte, aber auch von der beschwerlichen Arbeit, die hier damals verrichtet wurde. Ein paar Kurbelumdrehungen weiter finden wir eine abwechslungsreiche Innenstadt mit der Pfarrkirche St. Eligius und dem Rathaus, das von Bürgerhäusern eingerahmt wird. □

Tipp

Wer noch genug Akkuleistung unter sich weiß, kann der Saar ein Stück flussaufwärts folgen und die Landeshauptstadt Saarbrücken besuchen. Das Schloss allein macht diesen Abstecher schon wert, denn strahlend weiß lockt es viele Besucher an. Hier finden wir auch das Historische Museum Saar und das Museum für Vor- und Frühgeschichte. Die Innenstadt wurde vom Baumeister F.J. Stengel geprägt, was barocke Fassaden verspricht. Sollte dann der Tag zu Ende gehen, können wir von Saarbrücken auch bequem mit dem Zug nach Saarlouis zurück fahren.

19 AUF DEN SPUREN DER HOHENZOLLERN

Rundtour von Tübingen über Hechingen

Burg Hohenzollern
Erhaben blickt die Burg auf die Alb und die umliegende Landschaft

19 AUF DEN SPUREN DER HOHENZOLLERN

Bei dieser Tour fällt es schwer, auf die E-Bikes zu steigen und loszufahren, denn Tübingen ist einfach zu schön, um fort zu radeln. Die Aussicht auf das, was uns erwartet, erleichtert aber dann die Entscheidung, sich auf den Sattel zu schwingen: Nach entspannten Kilometern am Neckar wird es Zeit, die Motoren in Gang zu setzen. Unser wichtigstes Zwischenziel haben wir schon von Weitem im Blick: Hoch auf einem Berg thront das Schloss der Hohenzollern und lässt keine Zweifel daran, wer hier früher etwas zu sagen hatte.

- **Länge:** ca. 54 km, gute, regionale Radweg-Beschilderung. Einige deutliche, teils starke Steigungen im Mitteldrittel der Tour. Die Route führt meist über separate Rad- und Feldwege bzw. auf wenig befahrenen Nebenstraßen.
- **Höhenmeter:** 370 hm
- **Start und Ziel:** Hauptbahnhof Tübingen
- Ein Akku ausreichend

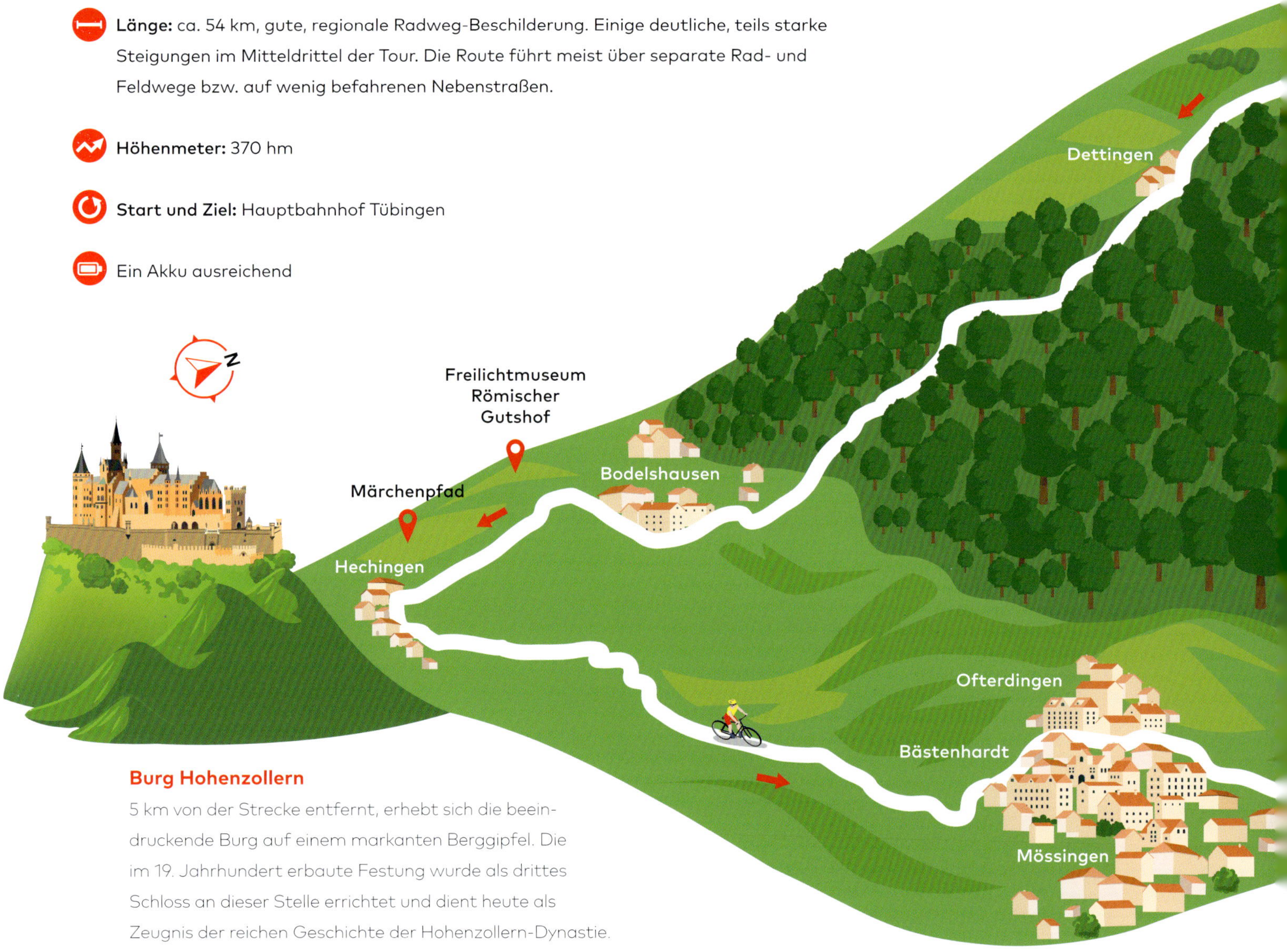

Burg Hohenzollern

5 km von der Strecke entfernt, erhebt sich die beeindruckende Burg auf einem markanten Berggipfel. Die im 19. Jahrhundert erbaute Festung wurde als drittes Schloss an dieser Stelle errichtet und dient heute als Zeugnis der reichen Geschichte der Hohenzollern-Dynastie.

Rottenburg

In der Stadt gibt es eine lange Tradition, die in den historischen Gassen und Fachwerkhäusern spürbar ist. Der imposante Dom St. Martin mit seinen 11 Glocken prägt das Stadtbild und ist ein bedeutendes Wahrzeichen.

Tübingen

Die Stadt ist bekannt für ihre traditionsreiche Universität und lebhafte Altstadt. In den verwinkelten Gassen findet man zahlreiche Cafés, Buchläden und historische Gebäude. Besonders beeindruckend ist die malerische Neckarfront mit ihren bunten Häusern und dem Hölderlinturm, die ein beliebtes Fotomotiv darstellt.

Scan den QR-Code & hol Dir Deine Tour!

19 AUF DEN SPUREN DER HOHENZOLLERN

Tübingen ist ohne Frage etwas ganz Besonderes: Die **mittelalterliche Altstadt** gehört zu den schönsten von ganz Deutschland. Das Flair der Stadt ist aber alles andere als angestaubt, denn durch die vielen Studenten der altehrwürdigen Universität wirkt Tübingen jederzeit jung und dynamisch. Nur wenige Pedalumdrehungen nach unserem Start am Hauptbahnhof rollen wir durch grüne Natur, die den Anlagensee als Zentrum hat. In direkter Nachbarschaft liegt die idyllische **Neckarinsel** mit einer Platanenallee und dem Seufzerwäldchen. Auch bei den Sportanlagen bleibt es naturverbunden, wenn wir um das Kastanienrondell herum lenken.

Tipp

Kennen Sie schon einen Stocherkahn? Na, dann wird es höchste Zeit, denn in Tübingen gehört eine Fahrt mit dem Stocherkahn unbedingt ins Pflichtprogramm. Wer mag, bucht eine Afterwork-Fahrt mit Feierabendgetränk, eine Weinprobe auf dem Boot oder eine romantische Lichterfahrt.

Einen spektakulären Blick auf die Tübinger Altstadt bietet sich vom Ufer des Neckar aus. Auch den Hölderlinturm können wir hier entdecken. Dass wir hier so viele tolle Gebäude und Museen finden, liegt daran, dass Tübingen von 1947 bis 1952 Hauptstadt des Bundeslandes Württemberg-Hohenzollern war. Eines der Zeitzeugen ist das reich verzierte **Rathaus** am **Marktplatz**, der die gute Stube der Stadt markiert. Von hier schlendern wir durch die teils engen Gassen, an denen sich historische Häuser, viele davon mit Handwerk, erheben.

Die herrliche Szenerie überblickt seit dem 11. Jh. **Schloss Hohentübingen**, das auf einem Bergsporn steht und im 16. Jh. deutlich erweitert wurde. So bietet es reichlich Platz für das Museum der Universität Tübingen. Die Uni wurde übrigens schon 1477 gegründet und zählt damit zu den ältesten Universitäten Europas.

Los geht´s

am Hauptbahnhof von Tübingen, den wir rechterhand neben dem Busbahnhof und dem Parkplatz vorbei verlassen. Dann biegen wir mit einem kleinen Knick nach links in die Bahnhofallee ein und fahren am Anlagesee vorbei. An der Querstraße rechts, links in die Uhlandstraße und geradeaus auf die Jahnallee, am Kastanienrondell rechts. So gelangen wir ans Ufer des Neckar, dessen Radweg wir nun begleiten. Bei Hirschau wechseln wir die Uferseite, bleiben aber stets in Flussnähe, bis wir Rottenburg erreichen. Hier nehmen wir die Brücke und haben sofort mit einer Steigung zu kämpfen, wenn wir die Stadt auf der Weilerstraße verlassen. Hinter Weiler etwas bergab und hinter Dettingen richtig steil bergauf, so gelangen wir in weiter hügeliger Fahrt durch Bodelshausen die Stadt Hechingen.

Neckarfront
Kunterbunt und wunderschön: die berühmte Häuserzeile mit dem Hölderlinturm

19

Tipp
Beim letzten Baggersee haben wir hinter Hirschau eine gute Aussicht auf die Wurmlinger Kapelle, die eigentlich Sankt-Remigius-Kapelle heißt. Sie thront in einer einmaligen Lage auf der Spitze eines kleinen Berges in 474 m Höhe und verfügt inzwischen über eine wertvolle barocke Ausstattung.

Unsere Tour führt nicht weit vom Hirschauer Baggersee vorbei, in dem wir uns prima abkühlen können.

In Rottenburg ist wieder ein längerer Stopp angesagt, denn der Dom St. Martin verdient eine ausgiebige Betrachtung, denn er gilt als Wahrzeichen der Stadt. Sein Turm wurde mit gleich 11 Glocken ausgestattet, die genau wie die drei Orgeln zu einem Ohrenschmaus der besonderen Art beitragen.

Der Dom wird umgeben von einer sehenswerten Innenstadt mit Türmen und teils engen Gassen. Schön anzusehen sind auch das barocke Rathaus und die ehemaligen Adelspalais. Durch Glasscheiben können wir auf die Reste einer alten römischen Therme blicken, über der inzwischen eine Schule steht.

In Weiler haben wir die erste kräftige Steigung geschafft. Da ist es nur noch ein Klacks, hier auf den Aussichtsturm zu steigen. Der wurde 1874 als Sieges- und Minnesängerdenkmal errichtet.

Die Region um Hechingen herum war schon 1.500 v.Chr. besiedelt. Später kamen die Römer und errichteten einen Gutshof, deren Rekonstruktion wir im Ortsteil Stein finden. Heute empfängt uns eine einladende Altstadt, aus der die Kirche St. Luzern am höchsten herausragt. Zu ihren Füßen stehen Fachwerkhäuser, eine alte Synagoge, das farbenfrohe Rathaus mit einem Brunnen und das Neue Schloss. Letzteres ist ein gutes Beispiel, wie seinerzeit im Stile des Klassizismus gebaut wurde. Von den Stadttoren, die einst den Einlass durch die Stadtmauer gewährten, ist nur noch eines vorhanden.

Die Wurmlinger Kapelle ist ein beliebtes Ausflugs- und Wallfahrtsziel

19

Weiter geht´s

von Hechingen mit etwas Anstieg parallel zur Bundesstraße und dann bergab durch Bästenhardt, Ofterdingen, Dußlingen und zum Ufer der Steinlach. Hier gibt es einen Radweg, der fast durchweg am Ufer entlang bis ins Zentrum von Tübingen führt. Mit nur einmal Abbiegen gelangen wir zurück zum Hauptbahnhof.

Nachdem wir die Bundesstraße bei Hechingen hinter uns gelassen haben, gesellen wir uns zum Flüsschen Steinlach, das nach nur 25 km in den Neckar mündet. Auf Tübinger Stadtgebiet ist es schnurgerade, was uns meist ein entspanntes Radeln am Uferweg garantiert. ◻

Tipp

Über viele Kilometer hinweg ist sie nicht zu übersehen: Die Burg Hohenzollern. „Standesgemäß" ließen sich die seinerzeit regierenden Hohenzollern dieses Anwesen in atemberaubender Lage auf einem 855 m hohen Bergkegel errichten.
Über eine Zugbrücke am Adlertor gelangt man in die Festung, deren Schlossgebäude ein „U" formen. Der beschwerliche Weg hier hinauf, der von Hechingen aus hin und retour rund 14 km misst, ist mit unseren E-Bikes erträglich und allein die unglaubliche Aussicht (siehe Bild links) in alle Himmelsrichtungen entschädigt mehrfach dafür.

20 DAS RAUSCHENDE HERZ DES RHEINS

Rundtour von Stein am Rhein über Schaffhausen

Der Rheinfall von Schaffhausen
Atemberaubend schön umtost der Rhein die Mittelinsel des Wasserfalls

20 DAS RAUSCHENDE HERZ DES RHEINS

Länge: ca. 48 km, gute, regionale Radweg-Beschilderung sowie teils Beschilderung als Rhein-Radweg. Einige kurze, aber knackige Steigungen. Die Route führt meist über separate Rad- und Feldwege bzw. auf wenig befahrenen Nebenstraßen.

Höhenmeter: 243 hm

Start und Ziel: Bahnhof Stein am Rhein

Ein Akku ausreichend

Diessenhofen

Mittelalterliche Fachwerkhäuser und enge Gassen verleihen der Stadt ihren besonderen Charme. Die historische Holzbrücke, die über den Fluss führt, ist ein herausragendes Beispiel traditioneller Ingenieurskunst.

Rheinfall Schaffhausen

Mit tosender Kraft stürzt das Wasser über die Felsen und erzeugt eine beeindruckende Geräuschkulisse. Besucher erleben dieses Naturwunder aus nächster Nähe, wenn sie auf Plattformen direkt am Wasser stehen. Die Stadt Schaffhausen besticht durch ihre gut erhaltene Altstadt mit zahlreichen Renaissance-Bauten und das markante Wahrzeichen, die Festung Munot.

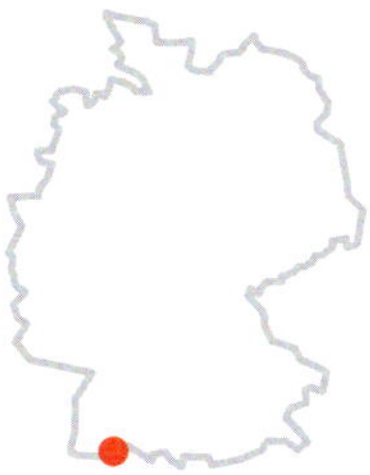

Bei dieser Tour sind wir echte „Grenzgänger", denn immer wieder wechseln wir im ersten Teil zwischen deutschem und schweizer Territorium. Dies geschieht meist fast unbemerkt, denn unsere Route folgt dem Rhein-Radweg, der auf diesem Abschnitt recht hügelig, aber ohne Grenzkontrollen ist.

Burg Hohenklingen

Majestätisch thront die Burg über der Landschaft und bietet einen atemberaubenden Blick auf die Umgebung. Mit ihren imposanten Mauern und Türmen zeugt sie von einer langen, bewegten Geschichte und mittelalterlicher Baukunst. Heute zieht die Anlage Besucher an, die sowohl die historische Architektur als auch die malerische Atmosphäre genießen möchten.

Stein am Rhein

Mittelalterliche Architektur und charmante Gassen machen den Ort zu einem echten Juwel. Das Rathaus beeindruckt mit kunstvollen Fresken und ist ein herausragendes Beispiel der lokalen Baukunst. Ein Spaziergang durch die Altstadt fühlt sich an wie eine Reise in die Vergangenheit.

Scan den QR-Code & hol Dir Deine Tour!

20 DAS RAUSCHENDE HERZ DES RHEINS

In Stein am Rhein scheint die Zeit stehengeblieben zu sein: Die historische Altstadt präsentiert sich mal mittelalterlich, mal barock, aber stets sehr einladend. In zentraler Lage erhebt sich das 1542 fertiggestellte Rathaus, das mit Szenen aus der Stadtgeschichte verziert wurde. Gleich gegenüber können wir am Weißen Adler weitere Malereien bewundern. Das Leben von Anno dazumal wird im Museum Lindwurm dargestellt, das in einem innen wie außen perfekt erhaltenen Altstadthaus untergebracht ist. Dem Kloster St. Georgen müssen wir auch einen Besuch abstatten. Hier leben zwar keine Mönche mehr, Klosterkirche und -gebäude sind aber sehr reich-

haltig ausgestattet. Das Klostermuseum berichtet ausführlich über die bewegte Geschichte.

Los geht´s

am Bahnhof von Stein am Rhein, den wir geradeaus, am Kreisel rechts und gleich wieder links über den Rhein hinweg verlassen. Von der Rhigass links in den Rathausplatz, dann folgen wir den Schildern des Rhein-Radwegs. Diese bringen uns mit stetigem Auf und Ab vorbei an Hemishofen, Gailingen und Büsingen nach Schaffhausen.

Stein am Rhein

Wie ein blaues Band schmiegt sich der Rhein ans Ufer

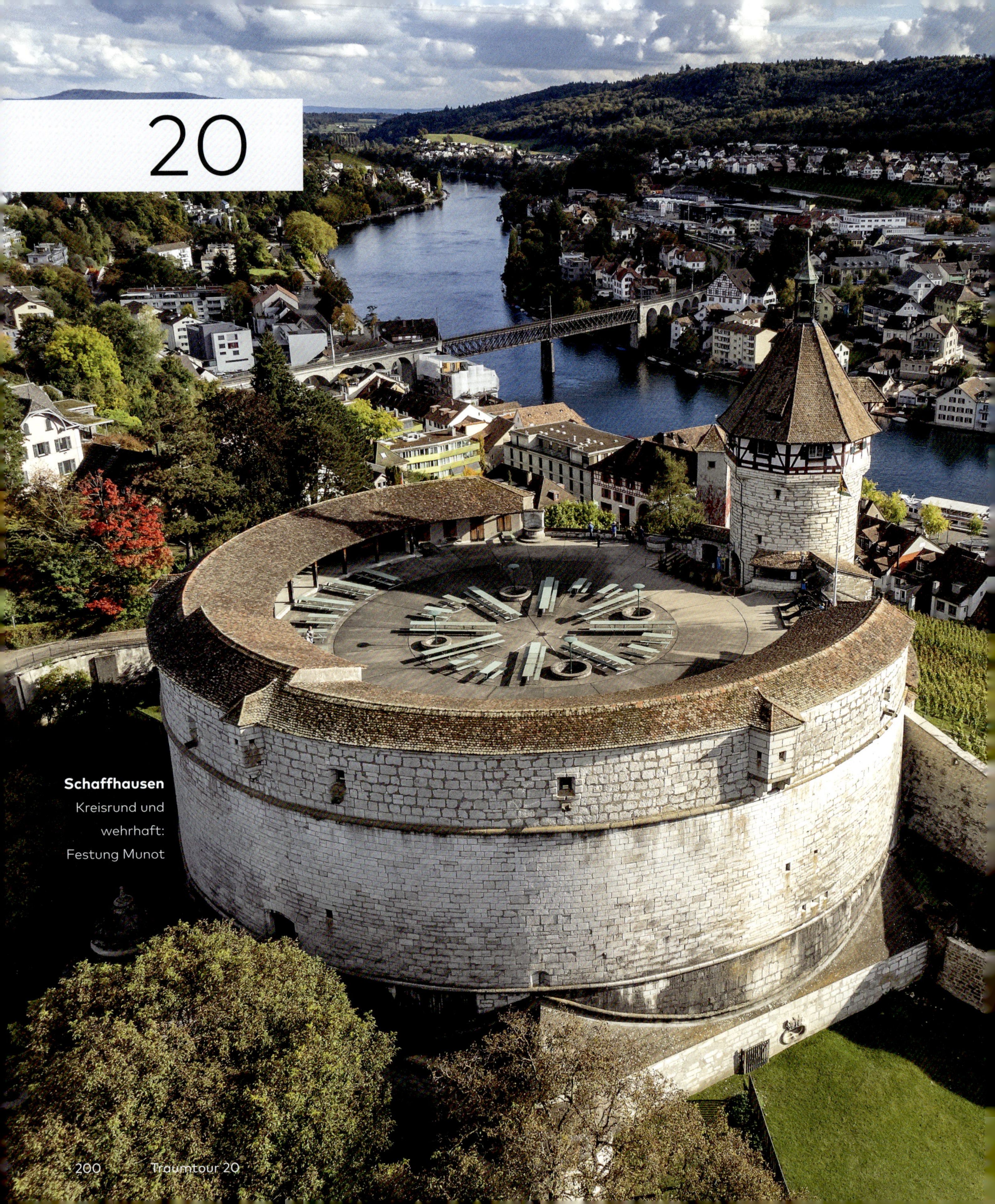

20

Schaffhausen
Kreisrund und wehrhaft: Festung Munot

Tipp

Wenn die Akkus leer sind, oder der Besuch des Rheinfalls doch zu lang gedauert hat, haben wir gleich zwei Möglichkeiten, schneller wieder zurück nach Stein zu gelangen: Mit der Bahn ab Schaffhausen oder mit dem Ausflugsschiff über den Rhein, wobei letztere ohne Frage die schönere Variante ist.

Schaffhausen ist eine echte Perle des Mittelalters. Die 1585 fertiggestellte **Festung Munot** wacht schützend über der perfekt erhaltenen Altstadt, die uns mit imposanten Tortürmen und Brunnen begeistert. Besonders wird die historische Innenstadt durch die wunderbaren, teils sehr originellen Häuser. Offiziell gibt es mehr als 160 davon – alle können wir uns also nicht ansehen.

Ein Abstecher zum **Rheinfall** gehört freilich zum Pflichtprogram, denn der mächtige Fluss stürzt hier auf einer Breite von 150 m rund 23 m in die Tiefe. Damit stehen wir in ohrenbetäubendem Lärm vor dem größten Wasserfall Europas. Alle paar Minuten können wir mit einem Schiff ablegen und uns in das Abenteuer begeben, dem Rheinfall ganz nahe zu kommen.

Weiter geht´s

von Schaffhausen entweder auf der selben Tour zurück, auf der wir herkamen. Oder wir wählen das südliche Rheinufer und radeln via Diessenhofen und Rheinklingen nach Wagenhausen und dann geradeaus zurück zum Bahnhof von Stein am Rhein.

Auf unserer Rückfahrt rollen wir über schweizer Territorium und kommen durch Diessenhofen. Hier entdecken wir die Paradeseite am Flussufer, an dem die alte, komplett überdachte Brücke auf hölzernen Füßen den Rhein überspannt. In Sichtweite stehen die Burg Unterhof und der ebenfalls teils aus Holz gefertigte Hänkiturm. □

21 UNVERGESSLICHE PANORAMAFAHRT

Bodensee-Radweg

Pfahlbauten im Bodensee
Eine Reise in die Bronzezeit

21 UNVERGESSLICHE PANORAMAFAHRT

Der Bodensee-Radweg vereint alles, was einen attraktiven Radfernweg ausmacht: Gelassenes Radeln auf guten Pisten, zuverlässige Kennzeichnungen und eine herrliche Umgebung. Nicht zu vergessen ist das meist gute Wetter, denn der Bodensee gehört zu den sonnigsten Regionen Deutschlands. Wir radeln durch drei Nationen, was den Charme hat, dass wir die alpenländische Küche in ihrer ganzen Vielfalt genießen können.

Länge: ca. 260 km. Durchgehende Beschilderung. Kaum nennenswerte Steigungen. Die Route führt meist abseits des Straßenverkehrs über separate Rad- oder Feldwege.

Höhenmeter: 627 hm

Start und Ziel: Konstanz

Empfohlen als Vier-Tages-Tour, damit ein Akku pro Tag reicht

Blumeninsel Mainau

Bekannt für ihre prachtvollen Gärten, zieht sie jährlich Tausende von Besuchern an. Die vielfältige Pflanzenwelt, darunter unzählige Blumenarten und exotische Bäume, macht sie zu einem wahren Paradies für Naturliebhaber.

Konstanz

Die historische Altstadt besticht durch ihre gut erhaltenen mittelalterlichen Gebäude und charmanten Gassen. Am Hafen wacht die Imperia, die symbolisch die Machtspiele von Kirche und Adel darstellt. Die Lage am Bodensee bietet zahlreiche Freizeitmöglichkeiten und herrliche Ausblicke auf das Wasser und die Alpen.

Scan den QR-Code & hol Dir Deine Tour!

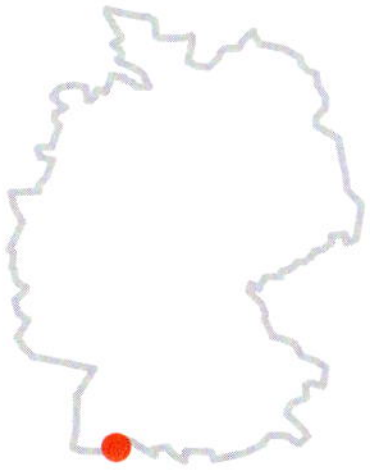

Zeppelin-Museum

Das Erbe der Luftschifffahrt wird hier eindrucksvoll mit einer umfangreichen Sammlung rund um die Geschichte und Technik der Zeppeline präsentiert. Besucher können detailgetreue Nachbauten und originale Exponate bestaunen, die die Faszination dieser gigantischen Luftfahrzeuge greifbar machen.

Schloss Montfort

Die markante Architektur des Schlosses vereint maurische und neugotische Stilelemente, die ihm einen exotischen Charme verleihen. Einst diente es als Sommerresidenz für wohlhabende Adlige. Die idyllische Lage am Wasser macht es zu einem beliebten Ausflugsziel und Veranstaltungsort.

Lindau

Die Altstadt beeindruckt mit ihrer gut erhaltenen mittelalterlichen Architektur und charmanten Gassen. Der Leuchtturm am Hafen bietet einen tollen Blick über den Bodensee und dient als Wahrzeichen der Stadt.

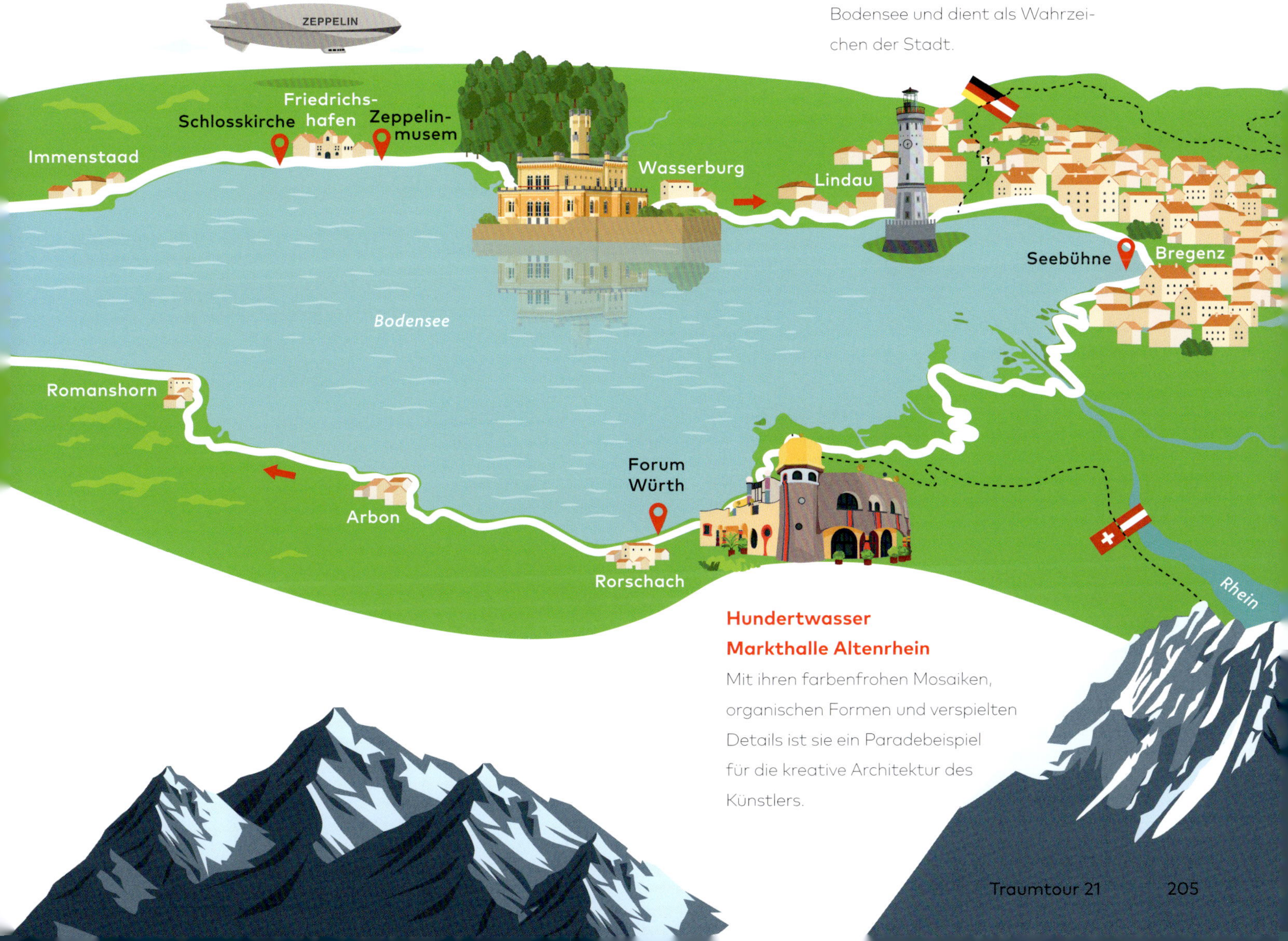

Hundertwasser Markthalle Altenrhein

Mit ihren farbenfrohen Mosaiken, organischen Formen und verspielten Details ist sie ein Paradebeispiel für die kreative Architektur des Künstlers.

21 UNVERGESSLICHE PANORAMAFAHRT

Die **Kurtisane Imperia** begrüßt seit 1993 die seeseitig anreisenden Besucher von Konstanz. Auch auf dem Festland geht es modern zu, trotz der zahlreichen historischen Gebäude wie Rathaus, Zeughaus, Münster oder das mächtige Schnetztor. Wer Fisch nicht nur auf dem Teller mag, sollte das Sea-Life-Center besuchen, während es die Romantiker eher über die Seepromenade zum Stadtgarten zieht.

Los geht´s

in Konstanz. An der Insel Mainau vorbei kommen wir nach Dingelsdorf und haben dahinter eine kleine Steigung zu überwinden, während wir uns vom Überlinger See verabschieden. Ab Bodman-Ludwigshafen radeln wir dann wieder in Seenähe, wobei vor Sipplingen nochmals Kletterarbeit gefordert ist. Via Überlingen, Meersburg und Immenstaad erreichen wir Friedrichshafen.

Die **Blumeninsel Mainau** dürfte jedem ein Begriff sein. Unzählige Pflanzen und Blumen verwandeln jedes Jahr das kleine Eiland in eine Oase der Entspannung. Die Seepromenade von Überlingen vermittelt südländische Lebendigkeit. Etwas landeinwärts ragen das 5-schiffige Münster St. Nikolaus sowie das Heimatmuseum empor. Spannend ist auch das mittelalterliche Befestigungssystem. Mit Schweiß wird die Birnau erreicht, wo wir eine der prächtigsten Barockkirchen Deutschlands finden.

Das **Pfahlbaumuseum** von Unteruhldingen ist ohne große Mühen zu erreichen – ein Besuch in die Stein- und Bronzezeit wird besonders den Kindern gefallen. Wichtigstes Ziel in Friedrichshafen ist das Zeppelinmuseum, das wichtige Fragen der Luftfahrt beantwortet. Eine lange Uferpromenade erschließt Gaststätten und Parkanlagen, alles mit herrlichem Seeblick, der vom Aussichtsturm im Hafen noch weiter reicht.

Weiter geht´s

von Friedrichshafen via Langenargen und Wasserburg nach Lindau. Vor Bregenz passieren wir die österreichische Grenze, nicht viel später sind wir in der Schweiz bei Rorschach.

Bei Kressbronn rollen wir über die „Golden Gate" (Brücke) des Bodensee und schauen uns in Wasserburg die geschichtsträchtige Burg auf der

Die Klosterkirche Birnau
am Nordufer des
Bodensees

21

Schloss Montfort
in Langenargen ist eines der beliebtesten Fotomotive am Bodensee

Halbinsel an. Ein Besuch der nächsten Halbinsel ist Pflicht, denn Lindau hat allerhand zu bieten. Am Besten rollen wir schon über den Bahndamm hinüber, denn von dort aus geht es immer geradeaus zur Hafenpromenade mit dem Mang-Turm. Vorbei an Stadttheater, Altem Rathaus, Stephans- und Stiftskirche schlängeln wir uns durch die Altstadt, wobei die Zeit im Nu verfliegt.

Die Hauptattraktion von Bregenz ist die international bekannte Seebühne. Die älteste Bodensee-Stadt verbindet moderne Architektur und Geschäftigkeit in der Unterstadt mit der verträumt-ruhigen Atmosphäre der mittelalterlichen und barocken Oberstadt.

Durch die perfekte Idylle des Naturschutzgebietes Rohrspitz kommen wir zum Rhein, der hier den Bodensee speist.

Wer (viel) Zeit hat, fährt mit der Bahn von Rorschach nach St. Gallen, genießt das wundervolle Flair dieser historischen Kantonsstadt und rollt entspannt mit den Rädern wieder zurück an den See.

Weiter geht´s

von Rohrschach über Arbon, Romanshorn und Kreuzlingen zurück nach Konstanz. Wer die Runde wirklich komplettieren mag, umrundet noch den Untersee, indem er über Steckborn, Stein am Rhein und Radolfzell radelt.

„Mostindien"? Wie kommt man in der Schweiz auf einen solchen Namen für eine Region rund um Arbon? Ganz einfach – der Kanton sieht auf der Karte der Form Indiens ähnlich und die Bäume hier tragen in aller Regel Tafeläpfel, die zu Most verarbeitet werden – schon ist die Erklärung gefunden. Auch die Römer waren offenbar von dieser Gegend begeistert, denn sie tauften sie „Arbor felix", glücklicher Baum.

Tipp

Gute Bremsen am Rad? Na dann auf mit der **Pfänderbahn** von Bregenz auf den 1.062 m hohen Pfändergipfel! Nachdem wir uns von der Aussicht und die Kinder vom Spielplatz losgeeist haben, geht es in schneller Fahrt zurück ins Tal.

21

Die **Insel Reichenau** ist bekannt als die Insel der drei Kirchen – alle sind ein perfektes Abbild romanisch-gotischer Baukunst. Auf der Wasserburg Schöpflin können wir auf den Beobachtungsturm steigen und uns einen Überblick verschaffen. Mehr über die Gegend erfahren wir im Heimatmuseum, das im Turmhof von Steckborn untergebracht ist.

Stein am Rhein, das „Rothenburg der Schweiz" beeindruckt schon bei der Einfahrt. Hinter der Brücke liegt das Kloster St. Georgen mit der Stadtkirche. Links hinter der Brücke finden wir Häuser, von denen eines schöner ist als das andere – Stein, Stufengiebel, Fachwerk: Alles wird geboten.

Tipp

Ein Abstecher nach Gottlieben lohnt sich wegen der kulinarischen Genüsse und der schmucken Häuser rund um den Dorfplatz.

Rund um den Ratoldus-Brunnen, der auf dem Radolfzeller Marktplatz steht, finden wir an den Marktständen gleich zweimal in der Woche alles, was das Herz begehrt. Der Stadtgarten in der Nähe des Bahnhofs wird gerne als „Schönster Wartesaal Deutschlands" bezeichnet.

Ein Abstecher führt hinter Radolfzell zum Mindelsee, der in ein Naturschutzgebiet eingebettet liegt. Der See und seine umliegende Landschaft wurden einst durch den Rheingletscher geformt.

Auf unserem Weg um den Untersee kommen wir auch durch Allensbach, das uns aus dem Fernsehen bekannt ist. Hier ist der Sitz eines Meinungsforschungsinstituts, dass auch vielleicht Sie schon zu Ihren politischen Interessen oder Marktverhalten befragt hat. ◻

Insel Reichenau

gilt nicht nur als „Klosterinsel", sondern auch als „Gemüsegarten mitten im Bodensee"

22 MAIN, WEIN UND NOCH VIEL MEHR

Rundtour von Würzburg über Kitzingen

Würzburg
Eine Institution: Das Glas Wein auf der Alten Mainbrücke

22 MAIN, WEIN UND NOCH VIEL MEHR

Der Main-Radweg gehört zu den beliebtesten Flussradwegen Deutschlands. Bei dieser Tour nehmen wir einen der schönsten Abschnitte unter die Pneus. Dabei starten wir im mittelalterlich anmutenden Würzburg und folgen dem Main flussaufwärts bis Kitzingen. Hier hat sich Balthasar Neumann mit jenem Kirchengrundriss verewigt, den die Älteren von uns noch vom 50-DM-Schein kennen. Am Ende haben wir noch eine herrliche Bergwertung vor uns, die unsere Elektromotoren beständig summen lässt.

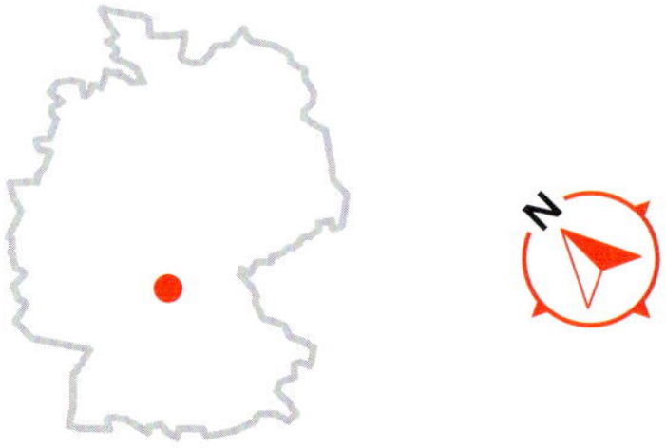

Länge: ca. 58 km, Beschilderung: regional sowie als Main-Radweg. In der zweiten Hälfte einige stärkere Steigungen. Die Route führt meist über separate Rad- und Feldwege bzw. auf wenig befahrenen Nebenstraßen.

Höhenmeter: 203 hm

Start und Ziel: Hauptbahnhof Würzburg

Ein Akku ausreichend

Alte Mainbrücke Würzburg

Die eindrucksvollen Statuen entlang der Brüstung verleihen ihr einen besonderen Charme und machen sie zu einem markanten Wahrzeichen der Stadt.

Festung Marienberg

Majestätisch erhebt sich die Festung auf einem Hügel, von dem aus sie seit Jahrhunderten die Stadt überblickt. Die imposante Anlage mit ihren massiven Mauern erzählt von einer langen und wechselvollen Geschichte.

Scan den QR-Code & hol Dir Deine Tour!

Kreuzkapelle Kitzingen

Ihr ungewöhnlicher, kreuzförmiger Grundriss macht die Kapelle zu einem architektonischen Juwel. Dieses markante Design wurde sogar auf dem ehemaligen 50-DM-Schein verewigt.

Ochsenfurt

Fachwerkhäuser mit kunstvoll verzierten Fassaden säumen die engen, gepflasterten Gassen und verleihen der Stadt ihren einzigartigen Charme.

22 MAIN, WEIN UND NOCH VIEL MEHR

Die altehrwürdige Stadt Würzburg wird gerne mit dem „goldenen Prag" verglichen. Bei unserem Bummel durch die Altstadt bekommen wir rasch den Eindruck, dieser Vergleich entstamme den vielen historischen Gebäuden. Der Hintergrund ist aber ein anderer: Wie in Prag trennt ein stattlicher Fluss, hier ist es der Main, die Bürgerstadt vom Burgbezirk. Und genau wie in Prag verbindet eine mit Figuren versehene Brücke beide Teile miteinander. Hier entdecken wir u.a. den fränkischen Herrscher Pippin und Karl den Großen.

Die jüngere Geschichte allerdings sorgte sehr wohl für einen Unterschied: Während Prag den 2. Weltkrieg annähernd unbeschadet überstand, wurde Würzburg seinerzeit zu rund 90% zerstört. Rund um die Stadt lagen wichtige Industrieanlagen, daher warfen die Alliierten hier zahllose Bomben ab. Umso erstaunlicher ist es, dass wir heute eine so große Anzahl perfekt restaurierter Gebäude entdecken, wobei wir unsere Erkundung am besten an der eingangs beschriebenen Alten Mainbrücke beginnen. Von hier überblicken wir das quirlige Mainufer mit dem Alten Kranen, der schon seit 1772 hier steht.

Tipp

Nach der Tour können wir am Mainufer im „Haus des Frankenweins" einkehren. Bei gutem Essen gibt es hier von den regionalen Winzern edle Tropfen aus ihren Kellern zu verkosten. Etwas weniger stilvoll, aber dafür „hip" ist es, seinen Wein oben auf der Alten Mainbrücke zu genießen.

Von der Brücke hier gelangen wir auf den Rathausplatz mit dem Vierröhrenbrunnen und dem Rathaus. Noch weitläufiger ist der Marktplatz, der sich anschließt und an dem sich die Marienkapelle mit ihrem reich verzierten Westportal erhebt. Wenn wir um die Kirche herum wandeln, treffen wir auf den Dom St. Kilian, Kolonat und Totnan, dessen Geschichte sich bis ins Jahr 788 zurückverfolgen lässt. Nachdem wir die kostbaren Ausstattungen und die üppigen Dimensionen des Doms genossen haben, geht's weiter über den Paradeplatz und die Hofstraße zum Residenzplatz mit dem Franconia-Brunnen. Direkt dahinter blicken wir auf die Würzburger Residenz, die ins UNESCO-Welterbe aufgenommen wurde. Wer das Treppenhaus betritt, versteht sofort warum das Gebäude als schützenswert gilt. Wir bewundern die Statuen und Fresken, ehe wir durch den Weißen und den Kaisersaal wandeln. Adelig sein war zur damaligen Zeit „schon schön".

Nachdem wir uns auch die vielen anderen sehenswerten Gebäude der Altstadt angesehen haben, kehren wir zur Alten Mainbrücke zurück und überlegen, ob wir der Burg Marienberg noch einen Besuch abstatten. Die liegt weit oberhalb und verlangt unseren Akkus einige Watt ab. Dafür werden wir mit einem grandiosen Blick über Würzburg und das Maintal entschädigt.

Würzburger Residenz
Einen guten Geschmack bewiesen die Würzburger Fürstbischöfe

22

Los geht´s

am Würzburger Hauptbahnhof, den wir in Richtung Süden zur Altstadt verlassen. Mit etwas Zick-Zack-Fahren gelangen wir zum Mainufer. Dort angekommen, folgen wir dem Main-Radweg flussaufwärts. Dieser bringt uns vorbei an Randersacker, Eibelstadt, Winterhausen, Goßmannsdorf und Ochsenfurth nach Marktbreit.

Bei Randersacker sehen wir neben uns die ersten Weinberge aufragen. Einer der Weinberge gehörte Balthasar Neumann, der sich hier einen Gartenpavillon bauen ließ. Den berühmten Baumeister werden wir in Kitzingen nochmals „treffen".

Es lohnt sich, in Eibelstadt kurz vom Radweg abzuschweifen, um sich den hübschen Marktplatz mit seiner Mariensäule und dem Rathaus anzusehen. Nicht weit entfernt steht die Pfarrkirche St. Nikolaus mit einem barocken Hochaltar und außergewöhnlichem Turm.

Sommerhausen wurde in den 1930er Jahren zu einem angesagten Künstlerort. Als Durchreisende erahnen wir dies, denn es gibt viele historische Häuser und das Würzburger Tor mit einem der kleinsten Theater Deutschlands.

Bei Ochsenfurt gab es schon seit jeher einen Übergang über den Main, was dafür sorgte, dass viele Reisende und Händler durch den Ort kamen. Das spülte freilich auch Geld in die Stadt, deren Bürger sich fortan prächtige Häuser leisten konnten. Bestens erhalten sind diese in der Altstadt von Ochsenfurt. Sie gruppieren sich um das farbenfrohe Neue Rathaus. Das Pendant dazu ist das Alte Rathaus aus dem 15. Jh. mit einem Pranger am zweiten Geschoss. Von hier blickten die Übeltäter büßend auf die Pfarrkirche St. Andreas und konnten nicht sehen, dass sich im Innern Tillmann Riemenschneider verewigt hatte.

Auf der anderen Mainseite liegt Frickenhausen mit einer fast komplett erhaltenen Stadtmauer. Sie umschließt mit Türmen versehen ein Ensemble aus Pfarrkirche, Rathaus und Mariensäule. Auch Marktbreit profitierte von der guten Lage am Main – der Alte Krahn am Ufer zeugt noch heute davon, dass hier Waren von Schiffen abgeladen und auf der Handelsstraße nach Donauwörth gebracht wurden. Immerhin war dies die kürzeste Landverbindung zwischen Main und Donau. Besuchen müssen wir unbedingt den Malerwinkel, der uns herrliche Fotomotive einbringt. Nett anzusehen ist auch das 1580 erbaute Stadtschloss, das sich am Schlossplatz erhebt.

Marktbreit

Eleganter Brückenschlag

22

Weiter geht's

von Marktbreit mit der Brücke über den Main und auf der anderen Uferseite den Radwegschildern folgend via Sulzfeld nach Kitzingen. Die Innenstadt verlassen wir entlang der teils steil ansteigenden Repperndorfer Straße. Der gleichnamige Ort ist Dank unserer Motorenunterstützung rasch erreicht. Dann radeln wir vorbei an Biebelried und Rottendorf nach Würzburg. Hier heißt es „Radwegschilder gut beachten", denn die führen uns wieder zurück zum Hauptbahnhof, wo unsere Tour endet.

Auf der anderen Mainseite liegt Marktsteft mit einer sehenswerten Häuserzeile an der Hauptstraße. Sie zeugt davon, dass es auch hier einst Wohlstand gab, nachdem ein kleiner Stichkanal und ein Hafenbecken gebaut worden waren.

Tipp

In Kitzingen können wir etwas für unsere Bildung tun – und zwar mit ganz außergewöhnlichen Museumsbesuchen: Oder waren Sie schon im Deutschen Fastnachts- oder im Conditorei-Museum?

Wunderschön liegt die Altstadt von Kitzingen direkt am Main, der hier von der Alten Mainbrücke überspannt wird. Strahlend weiß grüßt das Rathaus, welches vom Marktturm noch überragt wird. Türme gibt es viele zu sehen, unter ihnen der Deuster- oder der Falterturm, der als Wahrzeichen gilt.
Die Kreuzkapelle wurde nach Plänen von Balthasar Neumann erbaut und 1745 geweiht. Ihr Grundriss wurde zum Markenzeichen dieses Kirchentyps und zierte aus diesem Grunde den 50-DM-Schein.

Das Zentrum von Biebelried wird von der Pfarrkirche mit dem blutrünstigen Namen St. Johannis Enthauptung markiert, die über einen Riemenschneider-Altar verfügt. Um die Kirche herum finden wir einige gut erhaltene historische Wohnhäuser. □

Kitzingen
Abendstimmung am Main

23 DAS RADLERPARADIES AN ALTMÜHL UND DONAU

Von Eichstätt über Kelheim nach Ingolstadt

Die Befreihungshalle
blickt in Kelheim gleichermaßen
auf Altmühl und Donau

23 DAS RADLERPARADIES AN ALTMÜHL UND DONAU

Perfekt ausgebaute, beschilderte und brettl-ebene Radwege, wunderbare Landschaften, pitoreske Orte, historische Städte, nette Menschen und gutes Essen. Radwandern an Altmühl und Donau weckt Radler-Sehnsüchte. Bei dieser Tour kombinieren wir beide Radwege miteinander. Als Variante gibt es noch eine Rundtour über die Trasse der alten Schambachtalbahn.

Eichstätt Fossiliensteinbruch

Im Steinbruch können Besucher selbst nach Fossilien graben und dabei spannende Funde aus längst vergangenen Zeiten entdecken. Die beeindruckenden Gesteinsschichten geben Einblicke in die Erdgeschichte und faszinieren durch ihre Vielfalt an fossilen Überresten.

Ingolstadt

Die Stadt blickt auf eine reiche Geschichte als Zentrum der Wissenschaft und Bildung zurück. Berühmt wurde sie auch als Schauplatz von Mary Shelleys Roman „Frankenstein".

Länge: ca. 154 km (Variante: 117 km) durchgehende Beschilderungen jeweils als Altmühl- und Donau-Radweg.

Höhenmeter: 358 hm (Variante: 308 hm)

Start: Eichstätt Bahnhof (Variante: Ingolstadt) **Ziel:** Ingolstadt

Empfohlen als Zwei-Tages-Tour, damit ein Akku pro Tag reicht

Scan den QR-Code & hol Dir Deine Tour!

Burg Prunn

Majestätisch thront die Burg auf einem steilen Felsen und bietet einen beeindruckenden Ausblick auf die umliegende Landschaft. Die gut erhaltene Burganlage stammt aus dem Mittelalter und beherbergt heute eine Ausstellung über ihre Geschichte.

Befreiungshalle Kelheim

Majestätisch thront das Monument auf einem Hügel und erinnert an die Befreiungskriege gegen Napoleon. Im Inneren der Halle befinden sich 34 Siegesgöttinnen aus Marmor, die symbolisch für den Triumph der deutschen Fürstentümer stehen.

Kloster Weltenburg

Eingebettet in eine malerische Flusslandschaft, gilt das Kloster als eines der ältesten Benediktinerklöster Deutschlands. Besonders berühmt ist es für seine barocke Klosterkirche und die Brauerei, die das älteste Klosterbier der Welt herstellt.

23 DAS RADLERPARADIES AN ALTMÜHL UND DONAU

Bei dieser Tour könnt Ihr Euch zwischen zwei Varianten entscheiden: die Hauptvariante (154 km) startet an der Station Eichstätt Bahnhof, zu der Ihr von Ingolstadt aus schnell mit der Bahn gelangt. Sie führt entlang der **Altmühl** bis Kelheim und von dort an der **Donau** bis Ingolstadt.

Als alternative Variante (117 km) gibt es noch eine Rundtour direkt ab Ingolstadt. Diese folgt zunächst dem Radweg **Schambachtalbahn**, der direkt ab Hbf Ingolstadt ausgeschildert ist und fast durchgehend über eine stillgelegte Bahntrasse durchs idyllische Schambachtal bis Riedenburg an der Altmühl führt. Dort trifft diese Variante auf die Hauptroute (s.o.) und folgt dieser über Kelheim zurück nach Ingolstadt.

Los geht's

an der Station Eichstätt Bahnhof. Wir folgen der Bahnhofstraße ins Tal und biegen bei erster Gelegenheit links in die Hauptstraße ab, dann links und wieder rechts in die Brückenstraße, überqueren die Altmühl und folgen ab jetzt dem Altmühltal-Radweg. Als erstes kommen wir (jetzt erst richtig) nach Eichstätt, danach folgen Pfünz, Inching, Arnsberg, Kipfenberg, Kinding und Beilngries.

Der Residenzplatz von Eichstätt wird auch gerne als „Süddeutschlands Architekturplatz" bezeichnet. Die Experten sind sich einig, dass diese Ansammlung herrlicher Barockfassaden seinerzeit wegweisend für viele weitere Städte war. Prachtstück des Platzes ist die 1704 bis 1725 erbaute Residenz (heute Landratsamt) mit dem ehemaligen fürstbischöflichen Schloss. Im Innern beeindrucken das Treppenhaus, der Spiegelsaal und die kostbare Einrichtung.

Imposant ist auch der benachbarte **Dom**: Im Langhaus gibt es neben prächtigen Malereien, Altären und kleinen Kapellen die in den 1970er Jahren in Dillingen erbaute Orgel zu bestaunen.

Am nahegelegenen Leonardplatz finden wir die Schutzengelkirche, die 1717 bis 1739 an der Stelle einer im 30jährigen Krieg zerstörte Jesuitenkirche erbaut wurde. Das Gotteshaus erweist seinem Namen mit 567 Engelsdarstellungen alle Ehre.

Eichstätter Dom
Kunstvolles Entree

23

Im Informationszentrum des Naturparks Altmühltal gibt es Sonderausstellungen z.B. zu den Themen Kultur und Freizeit, Multi-Media-Schauen, Vortrags- und Naturerlebnisräume usw. Kinder bekommen mit Spielen, Modellen und Mikroskopen die Natur ans Herz gelegt. Der Biotop-Garten stellt im Kleinformat die im Altmühltal vorkommenden Lebensräume dar, wie z.B. Plattenkalkhalde, Buchenwaldrand etc.

Zu Eichstätt gehört ein Besuch der **Willibaldsburg**. Ab 1355 waren die Eichstätter Herrscher gezwungen, aufgrund von Unruhen die Stadt zu verlassen und in eine Residenz auf den Berg zu ziehen. Schönheit allein reichte nicht, um die Schweden davon abzuhalten, die Burg zu zerstören. Nach dem Krieg segnete man sie daher mit allen Mitteln der Verteidigung. Umsonst, denn 1681 wurde der größte Teil durch einen Blitz verwüstet. Die Eichstätter Fürstbischöfe zogen es vor, ins Tal zurückzukehren und sich die uns bekannte Residenz bauen zu lassen. Die Überreste der Willibaldsburg wurden eine Zeit lang (1786) als Gefängnis genutzt und verrotteten, ehe sie die Stadt Eichstätt kaufte und 1900 an den bayerischen Staat übergab.

Durch das Torhaus betreten wir die Anlage mit einer herrlichen Aussicht über Altmühltal und Eichstätt! 76 m senkrecht in die Tiefe schauen wir, wenn wir in den „tiefen Brunnen" sehen. Zugänglich sind hier oben z.B. die Spitalkirche, das ehemalige Spital (später Gefängnis), das Zeughaus sowie die beiden Museen: Im ehemaligen Gemmingenhaus ist das historische Museum untergebracht, das sich mit der Vor- und Frühgeschichte Eichstätts und der Umgebung beschäftigt. Im Jura-Museum kann man reichlich Exponate, darunter Fossilien (das Skelett eines Mammuts etc.), eine Multi-Media-Schau und Modelle bestaunen, die sich mit dem Altmühltal beschäftigen.

Nur wenige Radel-Minuten hinter Eichstätt gibt es wieder Anlass für einen Stopp. Wenige Meter neben/über dem Radweg liegt bei Pfünz das Römerkastell Vetoniana – oder besser gesagt, eine tolle Rekonstruktion, bei der die damaligen Ausmaße eindrucksvoll deutlich werden.

Der kleine Ort Inching zeigt uns ein Schloss, bevor wir durch die Gungoldinger Wacholderheide rollen und schon von weitem Burg Arnsberg erblicken. In Kipfenberg erreichen wir den geografischen Mittelpunkt Bayerns. Nicht nur für den entsprechenden Gedenkstein, sondern auch für das Bajuwaren- und das Heimatmuseum lohnt es sich, von den Rädern zu steigen. Das Zentrum von Kinding liegt zwar hinter „unserem" Abzweig gen Norden, doch die Ortsmitte mit der Wehrkirche und den einladenden Gaststätten sollten wir nicht verpassen.

In der Willibaldsburg

erwarten uns himmlische Ausichten und prähistorische Funde

23

Am Badesee Kratzmühle können wir ins kühle Nass springen. Bis ins Jahr 1966 wurde in der 1305 erbauten Kratzmühle gearbeitet. Be-„greif"-bare Geschichte gibt es im Technik-Museum Kratzmühle. 1179 erbaute man zum Schutze der Stadt Beilngries eine erste Burg auf dem Hirschberg. Schloss Hirschberg ist noch heute mit Kaisersaal und Rittersaal eine echte Attraktion. Schaurige Zeugnisse der Entstehungszeit sind die Folterkammer und das 7 m tiefe Verlies.

Tipp

Extra gebrautes Festbier können wir bei zünftiger Musik und köstlichem Essen auf dem Beilngrieser Volksfest im September genießen.

Auch „unten" ist in Beilngries einiges zu sehen, wie z.B. die alte Stadtbefestigung, die sich mit ihren neun (!) Türmen um die Innenstadt zieht. Interessant dabei ist der Bürgerturm, einst Gefängnis für die Beilngrieser Bürger. Vor lauter Türmen dürfen wir nicht vergessen, uns die Stadtpfarrkirche St. Walburga, das Rathaus und das Haus des Gastes anzusehen. Auf dem Weg zwischen Innenstadt und Schloss befindet sich das sogenannte „Felsenkeller-Labyrinth". In dem über 500 Jahre alten Kellergewölbe mit 350 m Weglänge ist ein Brauereimuseum untergebracht.

Weiter geht´s

von Beilngries weiter auf perfekter Wegstrecke auf dem Altmühltal-Radweg. Dieser geleitet uns via Dietfurt, Riedenburg und Essing nach Kelheim. In Kelheim wechseln wir auf den Donau-Radweg, der über die Donau hinweg und über einen kleinen Berg nach Weltenburg führt. Eining, Neustadt und Vohburg liegen auf unserem Weg zurück nach Ingolstadt.

Essing

Über die alte Holzbrücke gelangen wir ins historische Essing

Die Baumeister von Dietfurt umgaben die Stadt mit einer wuchtigen Mauer und sechs Wachtürmen. Mittelpunkt ist der Marktplatz mit seinem Rathaus aus dem 17. Jh. Von den Kirchen sind vor allem St. Aegidius (1734, mit 65 m hohem Turm), St. Maria und St. Sebald interessant. Sehenswert sind auch das 1658 gegründete Franziskanerkloster, das Altmühltaler Mühlenmuseum und der 1962 vor dem Rathaus erbaute Chinesenbrunnen.

Über Riedenburg thronen gleich drei Burgen bzw. deren Ruinen: Tachenstein (mit 16 m hohem Bergfried), Rabenstein und die noch erhaltene Rosenburg. Hier gibt es seit 1978 den bayerischen Jagdfalkenhof. Neben einem Falknerei-Museum gibt es dort regelmäßige Flugvorführungen. Und unten in der Altstadt findet sich das „klingende Museum". Lassen Sie sich überraschen – genau wie im Kristallmuseum. Es beherbergt die größte Bergkristallgruppe der Welt.

Schloss Prunn müssen wir unbedingt fotografieren, denn es ist eines der Altmühltaler Wahrzeichen. Es locken hier oben der „Prunner Codex", ein handschriftlicher Teil des Nibelungenliedes, Ziehbrunnen, Folterkammer, Wachstube, Kapelle und spektakuläre Blicke auf das Tal. Dann liegt die mit 193 längste Holzbrücke Europas neben uns, die liebevoll **„Tatzlwurm"** getauft wurde.

Burg Prunn
ist aus jedem Blickwinkel eine Augenweide

23

Blick ins Tal
Der „Tatzelwurm" überspannt die Altmühl

23

Markt Essing hat noch mehr zu bieten: Oberhalb des konservierten Teils des König-Ludwig-Kanals thront die Burgruine Randeck. Der Blick auf den Markt Essing über Kanal, Brücke und Brucktor auf den alten Ortskern mit der Kirche St. Martin lässt den Betrachter mit der Zunge schnalzen.

Die etwa 420 m lange Tropfsteinhöhle Schulerloch diente in der Eiszeit Tieren als Unterschlupf. Alle halbe Stunde gibt es eine 30minütige Führung durch die unterirdische Traumwelt.

Tipp

In Kelheim können wir in eines der Ausflugsboote steigen und durch den Donau-Durchbruch nach Weltenburg schippern. Ungemein beeindrucken, wie steil und hoch die Felswände neben uns empor ragen.

Das archäologische Museum der Stadt Kelheim erntete bereits viele Preise für seine Darstellung. Die Altstadt wird von mehreren Toren, wie z.B. dem Mittertor, dem Donautor oder dem Altmühltor beschützt. Auf dem Ludwigsplatz sehen wir, wie planvoll die Stadt einst angelegt wurde: Vier schnurgerade Straßen laufen hier zusammen. An ihm liegen das Neue und das Alte Rathaus und das Standbild von König Ludwig I.

Hoch über Kelheim liegt die **Befreiungshalle**. Von hier oben haben wir grandiose Blicke auf Altmühl, Kelheim und nach einem kurzen Fußweg auch hinunter auf den Donau-Durchbruch. Die Befreiungshalle wurde 1863 fertiggestellt mit dem Ziel, eine Gedenkstätte zu bauen, die den Befreiungskriegen gedenkt.

Kloster Weltenburg ist einfach toll: Die wundervolle Lage am Kiesstrand der Donau, und dann diese Klosterkirche: Durch 12 Fenster der Kuppel strömt warmes Tageslicht in den reich ausgestatteten ellipsenförmigen Innenraum. Wenn Sie nach oben blicken, sehen Sie, wie über den Rand der goldenen Kuppelschale der Schöpfer dieses Werks, Cosmas Damian Asam, grüßt. Im Biergarten genießen wir dann das älteste Klosterbier der Welt. Bei Eining liegt das ehemalige Römerkastell Abusina als Ausgrabungsstätte.

Im benachbarten Bad Gögging fanden die Römer heraus, dass man mit Moorbädern und Schwefelquellen eine heilende Wirkung erzielt. Als Herzog Ludwig der Strenge 1273 erkannte, dass man die wichtigen Verkehrswege an der Donau schützen muss, spendierte er Neuburg eine exakt 300 x 300 m lange Wehrmauer, deren Grundriss bis heute erhalten wurde. Im Innern finden wir ein spätgotisches Rathaus, die Pfarrkirche St. Laurentius und einen einladenden Marktplatz.

In Pförring locken die romanische Kapelle und das etwas außerhalb gelegene Römerkastell Celeusum zu einem Aufenthalt.

Malerisch erhebt sich die Ruine der Burg über den Häusern von Vohburg. Um den Burgberg herum können wir uns in der Altstadt die Pfarrkirche St. Peter und Paul und das Rathaus ansehen.

Schon im 6. Jh. wurde Ingolstadt gegründet und schon früh gegen Eindringlinge mit einer Stadtmauer geschützt, von der noch weite Teile und das Kreuztor erhalten sind. Sehenswert sind auch das Alte Schloss mit Spielzeugmuseum und das Neue Schloss, welches strahlend weiß die Stadtansicht bestimmt. Hier können wir das Bayerische Armeemuseum besuchen, das Fahnen, Waffen und andere Militaria aus mehreren Jahrhunderten zeigt. Ebenfalls von imposanter Gestalt ist das Liebfrauenmünster, das in seinem Innern einen 9 m hohen Hochaltar mit 91 Gemälden beherbergt. □

Kloster Weltenburg
markiert den würdevollen Auftakt zum Naturwunder „Donau-Durchbruch"

24 KÖNIGLICHES FINALE

Rundtour von Füssen über Roßhaupten und Schwangau

Schoss Hohenschwangau
Märchenhafter Anblick im Morgenlicht

24 KÖNIGLICHES FINALE

Täglich kommen zahllose Touristen aus aller Welt, um sich die Königsschlösser anzusehen. Wenn wir sie aus der Nähe betrachten, wissen wir warum, sie sind einfach wunderschön! Das Erlebnis perfektionieren wir noch mit einer entspannten Runde um den Forggensee.

Länge: ca. 36 km, eine hügelige Tour mit mehreren kurzen, kräftigen Anstiegen und Gefällen auf einem Mix von Straße, asphaltierten Wirtschaftswegen, naturbelassenen Wegen und Pfaden – teilweise beschildert als Via Claudia Augusta, Radrunde Allgäu und Forggensee Rundweg.

Höhenmeter: 143 hm

Start und Ziel: Füssen

Ein Akku ausreichend

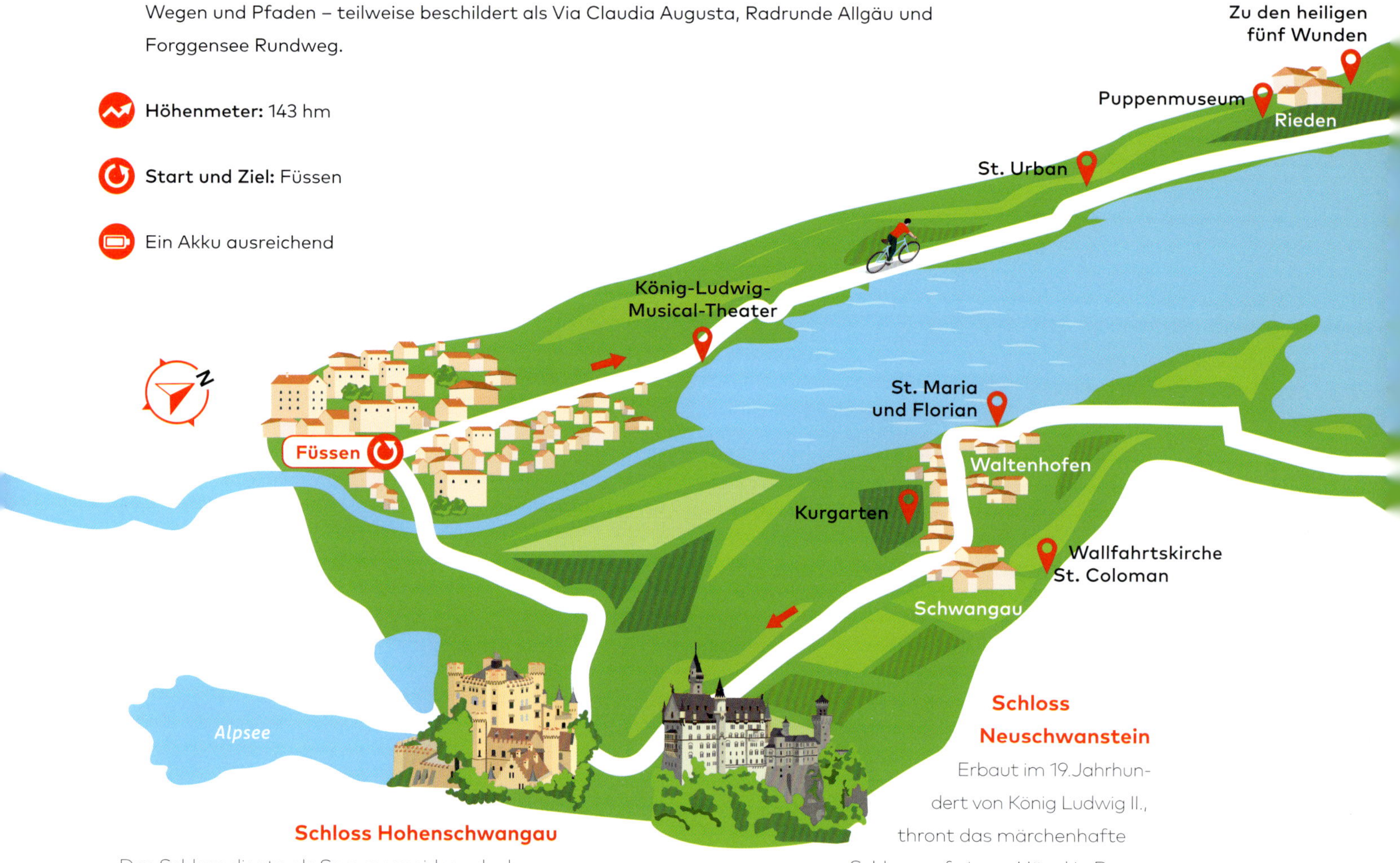

Schloss Hohenschwangau

Das Schloss diente als Sommerresidenz der bayerischen Königsfamilie. König Ludwig II. verbrachte hier seine Kindheit und ließ sich von der romantischen Umgebung inspirieren. Mit seinen reich verzierten Innenräumen und der beeindruckenden Aussicht auf die Alpen und die umliegenden Seen, zieht es viele Besucher an.

Schloss Neuschwanstein

Erbaut im 19. Jahrhundert von König Ludwig II., thront das märchenhafte Schloss auf einem Hügel in Bayern. Mit seiner beeindruckenden Architektur und malerischen Lage zieht es jährlich Millionen von Besuchern an. Umgeben von den Alpen, bietet es einen atemberaubenden Ausblick und erinnert an eine fantastische Märchenwelt.

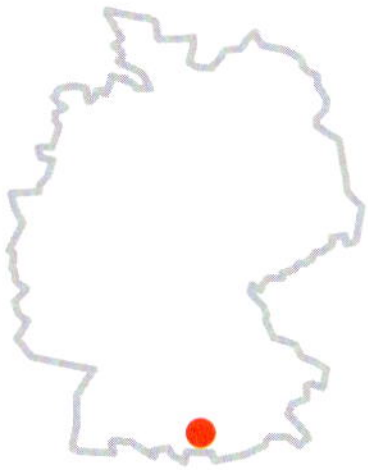

Kraftwerk Roßhaupten

Das Kraftwerk nutzt Wasserkraft zur Stromerzeugung, spielt eine wichtige Rolle in der regionalen Energieversorgung und bietet umgeben von malerischer Landschaft beeindruckende Einblicke in die Technik.

Forggensee

Direkt vor den Toren Füssens funkelt der Forggensee genau an der Stelle, wo sich einst der gleichnamige Ort befand. 1954 konnten die Bauarbeiten für das Lechstauwerk abgeschlossen werden. Neben der Energiegewinnung dient der Forggensee zur Hochwasserregulierung, die nach dem Einsetzen der Schneeschmelze für die Anrainer wichtig ist. Im Winter wird der Wasserstand im See weit abgesenkt. So werden die Spuren der Via Claudia Augusta (siehe links) wieder sichtbar.

Via Claudia Augusta

Die um 46 n. Chr. angelegte Römerstraße führte einst von Donauwörth nach Verona, denn es war der leichteste Alpenübergang - ideal übrigens auch für uns Radler! Hier am Forggensee allerdings können wir ihr nicht exakt folgen, denn sie verläuft auf dem Grund des seit 1954 aufgestauten Sees (siehe rechts) - allerdings wird sie während des winterlichen Abstaus wieder deutlich sichtbar!

Scan den QR-Code &
hol Dir Deine Tour!

24 KÖNIGLICHES FINALE

Wir starten

am Bahnhof von Füssen, den wir über die Bahnhofstraße verlassen, um den Kreisverkehr geradeaus auf den Prinzregentenplatz zu überqueren. An der Ampel links in die Augsburger Straße. Ab hier können wir den Schildern des Fernradwegs „Via Claudia Augusta" folgen, die uns zunächst an der B16 entlang, dann aber auf einem Radweg in Seenähe geleiten.

In direkter Nähe zu unserem Radweg liegt ein Theater, das eigens für das Musical „Ludwig II., Sehnsucht nach dem Paradies" errichtet wurde und damit das erste Theater ist, das an einem Originalschauplatz erbaut wurde.

Die Bayern lieben ihren König Ludwig II. Als Ludwig Friedrich Wilhelm wurde er am 25.08.1845 im Schloss Nymphenburg geboren. Am 10.03.1864 starb sein Vater Maximilian – noch am selben Tag wurde Ludwig II mit 18 Jahren neuer König von Bayern. Ludwig machte sich als „Märchenkönig" unsterblich, denn er war der Kunst leidenschaftlich verfallen. Richard Wagner finanzierte er die Fertigstellung des „Ring der Nibelungen" und baute ihm ein Festspielhaus. Noch bekannter sind seine Schlösser: Das Königshaus am Schachen, Schloss Linderhof, Schloss Herrenchiemsee und **Schloss Neuschwanstein**. Am Plansee in Tirol war ein weiteres Schloss in Planung, hier sollte es ein chinesisches Sommerschloss nach Vorbild des Pekinger Winterpalastes werden. Aber: Ludwig war völlig überschuldet. Zum Weiterbau der Schlösser fehlten Unsummen. In seinen letzten Jahren, die der König zurückgezogen auf Neuschwanstein verbrachte, soll der einst adrette Mann durch seinen starken Alkoholgenuss weniger hübsch gewesen sein.

Füssen
Erleuchtung bringt das Hohe Schloss für Füssen

24

Die Schilder mehrerer Themen-Radwege (Via Claudia Augusta, Radrunde Allgäu, Forggensee-Rundweg) weisen uns zuverlässig den mit kleinen Anstiegen gespickten Weg vorbei an Dürracker und Dietringen nach Roßhaupten.

Am Wegesrand gibt es viel zu entdecken: Die im 15. Jh. von Mönchen aus dem Kloster St. Mang gegründete Filialkirche St. Urban, das Puppenmuseum mit mehr als 600 Puppen in Rieden, die Pfarrkirche „Zu den heiligen fünf Wunden" oder die Votivkapelle St. Maria Magdalena, auf ihrem Sandsteinfelsen ein tolles Fotomotiv. Ob der Name Roßhauptens von der altgermanischen Tradition her rührt, Pferdeköpfe aufzuhängen, ist nicht genau überliefert. Dass Jäger hier ihre Pferde stehen lassen mussten, weil ein Drache den Weg versperrte, ist leider auch nicht belegt, dafür aber ist seit 895 in der Magnuslegende bei der Drachentötung von einem „caput equi", „Haupt des Pferdes", zu lesen. Heute erinnert daran der steinerne Drache an der Tiefentalbrücke.

Roßhaupten verlassen wir auf der Forggenseestraße, die uns am Kunstpark vorbei hinunter zum Staudamm bringt, über den wir hinweg rollen.

Forggensee

Mystisch legt sich ein Schleier über den See

Der Kunstpark Via Claudia Augusta lohnt zu einem Stopp, denn hier hat Bildhauer Josef Walk „römische Holzköpfe", „stählerne Pferde" und andere abstrakte Darstellungen erschaffen. Einen Besuch sollten wir auch dem etwas tiefer gelegenen Informationszentrum der Staustufe Roßhaupten abstatten, das uns einen Einblick in die Technik gibt, die den Stau des Lechs ermöglicht.

Der „Forggensee-Rundweg" bleibt neben der Straße, gibt den Blick frei auf den Illasbergsee und führt ab den ersten Häusern getrennt von der Straße an einem Picknickplatz und Höfen vorbei nach Kniebis.

Wir kurbeln hinauf zu einem der schönsten Ausblicke auf den Forggensee, den wir auf dem Rastplatz oder im Gasthof ausgiebig genießen können.

Am Ortsausgang gesellt sich der Radweg wieder zur Straße, gibt den Blick auf den Schapfensee frei und erreicht nach einer kleinen Steigung Rauhenbichel. Am Ortsende leiten uns die Schilder des Forggensee-Rundwegs rechts Richtung Schwangau. Die Nebenstraße schlängelt sich elegant durch die Felder – immer wieder müssen wir kurz anhalten, um die

24

Schloss Neuschwanstein wirkt aus der Ferne betrachtet nicht weniger eindrucksvoll

wundervolle Aussicht auf Seen und Berge zu genießen. In Greith geht´s am Brunnen schräg links weiter.

Immer wieder stoppen wir unsere Bikes, um die herrliche Aussicht auf das Alpenpanorama und die zu unseren Füßen liegenden Seen wie den Schapfensee zu genießen. Nach ein paar Minuten auf ebener Straße geht es nochmals bergauf, bis wir dem Forggensee-Rundweg zweimal hintereinander der linken Straße folgen. Entspannt kommen wir zum Seeufer, radeln an einer Ecke geradeaus und weiter in welliger Fahrt durch die Felder. Hinter der schmalen Brücke rechts. Die Forggensee-Radschilder geleiten uns durch Brunnen nach Waltenhofen.

Das Ortsschild „Lachen" sollten wir auch bei dieser Radtour wörtlich nehmen. Auch der Bannwaldsee liegt so idyllisch, dass wir ihn auf einem Foto bannen müssen. Direkt hinter einer dekorativen Kapelle wird der Blick frei auf die Königsschlösser – fast schon theatralisch! In Waltenhofen entdecken wir mit der Kirche St. Maria und Florian eine gotische Kirche mit einem barocken Innenraum.

In Waltenhofen verlassen wir den Forggensee-Rundweg nach links, radeln durch Schwangau hindurch, über die B17 hinweg und geradewegs auf die Königsschlösser zu.

Das Herzstück des heilklimatischen Kurortes Schwangau ist der Kurgarten mit Spielmöglichkeiten, Kneipp-Tretbecken und der Königlichen Kristall-Therme. Einem irischen Märtyrer ist die 1671 erbaute Wallfahrtskirche St. Coloman geweiht, die in herrlicher Einzellage im Feld an der Straße steht. Der irische Pilger Coloman, ein Königssohn, soll auf seinem Weg nach Palästina hier vorbei gekommen sein, ehe er 1012 in Stockerau (Nähe Wien) als „Spion" verhaftet und gemeinsam mit zwei Räubern erhängt wurde. Im Jahr 1015 fand er im Kloster Melk seine ewige Ruhe. An seinem damaligen Rastplatz bei Schwangau steht heute die besagte Kirche.

Die Königsschlösser verlassen wir in Hohenschwangau auf dem Radweg entlang der Parkstraße Richtung Füssen. Zum Ende der Tour geht es hinauf in die Füssener Innenstadt, dann immer geradeaus über den Kaiser-Maximilian-Platz, Prinzregentenplatz und Bahnhofstraße zum Bahnhof, wo unsere Runde endet.

Die Schlösser Neuschwanstein und Hohenschwangau sollten wir uns mit einer kleinen Extra-Tour gesondert vornehmen – es lohnt sich!

25 GESCHICHTE UNTER UND ÜBER DER ERDE

Rundtour von Bad Reichenhall über den Königssee

Atemberaubend erhebt sich der Watzmann über St. Bartholomä

25 GESCHICHTE UNTER UND ÜBER DER ERDE

Geschichte, die tief in der Erde verborgen liegt, dunkle Geschichte, die weit oben auf dem Berg liegt und ein eindrucksvolles Alpenpanorama. Das sind die Attribute, die die Charakteristik dieser Tour im Süden Bayerns bestens umschreiben.

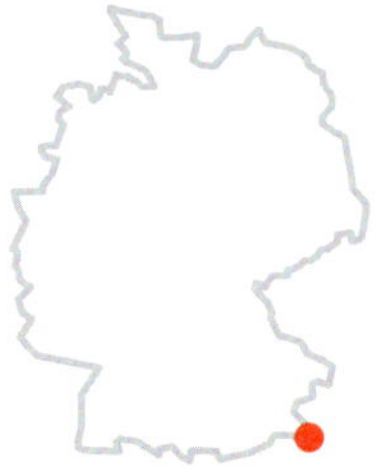

Länge: ca. 63 km, gute, regionale Radweg-Beschilderung sowie teils Beschilderung als Bodensee-Königssee-Radweg. Einige sehr kräftige Steigungen. Die Route führt meist über separate Rad- und Feldwege bzw. auf wenig befahrenen Nebenstraßen, aber auch auf einer Bundesstraße.

Höhenmeter: 464 hm

Start und Ziel: Bahnhof Bad Reichenhall

Ein Akku ausreichend

Scan den QR-Code & hol Dir Deine Tour!

Watzmann

Der Watzmann ist mit 2713 m (Mittelspitze) der dritthöchste Hauptgipfel in Deutschland. Der Sage nach handelt es sich dabei um den versteinerten König Waze nebst Familie.

St. Bartholomä

Umgeben von steilen Felswänden liegt die malerische Wallfahrtskirche idyllisch am Ufer des Königssees. Besucher erreichen diesen friedlichen Ort nur mit dem Boot, was die Ankunft noch besonderer macht.

Bad Reichenhall

Eingebettet in eine beeindruckende Berglandschaft bietet die Stadt eine lange Tradition in der Salzgewinnung und im Kurbetrieb. Die Alte Saline, ein historisches Industriedenkmal, ist ein eindrucksvolles Zeugnis dieser Salzgeschichte.

Predigtstuhl mit Seilbahn

Der Predigtstuhl ist ein beliebtes Ausflugsziel im Berchtesgadener Land. Hinauf gelangt ihr mit der ältesten Großkabinenseilbahn der Welt, die noch im Original erhalten ist!

Salzbergwerk Berchtesgaden

Tief unter der Erde bieten sich faszinierende Einblicke in die Geschichte des Salzabbaus. Die unterirdischen Seen und die beleuchteten Stollen schaffen eine einzigartige Atmosphäre für Besucher.

Schloss Anif

Eingebettet in eine malerische Landschaft wirkt das Schloss wie aus einem Märchen. Im Laufe der Jahrhunderte diente es als Drehort für zahlreiche Filme und als beliebtes Ausflugsziel.

25 GESCHICHTE UNTER UND ÜBER DER ERDE

Bei **Bad Reichenhall** dürften die Gedanken sehr schnell beim Thema „Salz" landen. In der Tat ist das „weiße Gold" bis heute einer der bedeutendsten Wirtschaftsfaktoren der Region. Es war im Jahre 1613: Bad Reichenhall hatte sich bereits als Salinenstadt etabliert. Als an einem Brunnenschacht gewerkelt wurde, entdeckte man eine neue Quelle – und was für eine! Der enorm hohe Salzgehalt versprach gute Einnahmen für die Stadt. Zur Gewinnung brauchte man allerdings viel Brennholz und die Wälder rund um Bad Reichenhall waren seinerzeit fast komplett gerodet. Also entschloss man sich zu einem tollkühnen Plan: Die Sole sollte über mehrere Höhen und Tiefen hinweg nach Traunstein gefördert werden, um dort das Salz zu sieden. 8.400 handgebohrte Holzrohre wurden verlegt, sieben Wasserwerke mit Pumpenhäusern errichtet und damit die Strecke von 32 km überbrückt. Für 339 Jahre bedeutete diese erste Pipeline der Welt Wohlstand für die gesamte Gegend.

Tipp

In nur 10 Minuten sind wir von Bad Reichenhall auf dem 1613 m hohen Predigtstuhl, um eine grandiose Aussicht über die Alpen zu genießen. Hinauf bringt uns die älteste noch in Betrieb befindliche Seilbahn der Welt.

Bis heute ist das Bad Reichenhaller Alpensalz eines der besten und beliebtesten Speisesalze der Welt. Und selbstverständlich gibt es auch ein entsprechendes Salzmuseum, das auf dem Besuchsplan stehen muss. Seit 1890 darf Reichenhall auch offiziell den Titel „Bad" führen, neun Jahre später wurde es Bayerisches Staatsbad, was bis in die heutige Zeit für „gut betuchte" Badegäste sorgt.

Die Innenstadt von heute gestaltet sich rund um das reich verzierte Rathaus sehr farbenfroh und einladend. Die meisten Besucher zieht es zur „Alten Saline", die 1851 fertiggestellt wurde, zum Gradierhaus, um frische Luft zu schnuppern, und zum Königlichen Kurhaus.

Herrlich
weitet sich das Tal rund um Bad Reichenhall

25

Los geht´s

am Bahnhof von Bad Reichenhall, den wir nach rechts über die Bahnhofstraße verlassen. Später schräg links auf der Spitalgasse und wir haben Anschluss an den Bodensee-Königssee-Radweg. Dieser führt uns am Stadtmuseum vorbei an die Berchtesgadener Straße und direkt wieder links von dieser hinunter. Nun geht es so richtig schön bergauf – die Akkus helfen uns, durch Bayerisch Gmain und an Großgmain vorbei zu radeln. Die nächsten Kilometer steigen stetig an, verlaufen teils auf, teils etwas neben der Straße und geleiten uns nach Bischofswiesen. Von hier ist es nicht mehr weit nach Berchtesgaden und weiter den Schildern folgend zum Königssee.

Im Jahre 1104 tauchte Berchtesgaden zum ersten Mal in den Geschichtsbüchern auf – seinerzeit wurde einem Klosterstift das Recht verliehen, Salze und Metalle zu schürfen. Damals entstand ein Chorherrenstift, das später zum heute noch unübersehbaren Königlichen Sommerresidenz ausgebaut wurde. Das Schloss ist so groß, dass es gleich zwei Museen Platz bietet, wobei das Rehmuseum sicherlich das Prädikat „selten" tragen dürfte. Im Schloss Adelsheim ist ein drittes Museum untergebracht, das sich regionalen Themen widmet.

In Schönau erreichen wir das Ufer des **Königssees** – und sind hier meist eher nicht allein, denn Touristen aus aller Welt werden mit Bussen genau hierher gefahren. Es ist aber auch wunderschön hier: unten das smaragdblaue Wasser des Sees, malerisch auf einer Halbinsel gelegen das Kirchlein **St. Bartholomä** und direkt dahinter die imposante Ostwand des **Watzmann**. Schönere Fotomotive finden wir nur schwerlich in den Alpen!

Tipp

Kein Besuch von Berchtesgaden ist komplett, ohne das Salzbergwerk besucht zu haben: Groß und Klein werden in Bergmannskluft gehüllt, ehe es 650 m unter Tage und dann auf der Bergmannsrutsche nochmals 34 m rasant hinab geht. Wir tauchen dann ein in eine völlig eigene Welt.

Malerisch

spiegelt sich die Alpenkulisse im glasklaren Königssee

25

Schloss Anif

Ein märchenhafter Anblick – nicht ohne Grund auch ein Drehort für viele Filme

Der höchste Punkt der Berchtesgadener Alpen ist die 2.713 m hohe und schwer erreichbare Watzmann-Mittelspitze. Deutlich einfacher zu erreichen ist das Watzmannhaus, das auf 1.930 m Höhe eine überwältigende Aussicht bietet.

Der Sage nach lebte hier einst der grausame König Waze, der die Gegend mit Angst und Schrecken überzog. Als er mit seinem Ross eine Bauernfamilie zerstampfte, wurde er mit einem Fluch belegt und seine Familie zu jedem Stein verwandelt, den wir nun vor uns sehen.

Weiter geht´s

vom Königssee zurück nach Berchtesgaden, wo wir rechts abbiegen und dem Verlauf der Berchtesgadener Ache zu folgen. So radeln wir via Untersalzberg, Unterau, Marktschellenberg und St. Leonhard nach Neu-Anif, wo wir links abbiegen. Grödig, Fürstenbrunn, Marzoll und Weißbach säumen unseren Rückweg nach Bad Reichenhall.

Oberhalb von Berchtesgaden liegt der Obersalzberg, der fest mit dem unschönsten Teil der Deutschen Geschichte verbunden ist: Adolf Hitler hatte hier erst ab 1923 sein Feriendomizil, das er dann nach und nach zum zweiten Regierungssitz ausbauen ließ. Eine Dauerausstellung des Instituts für Zeitgeschichte widmet sich diesem Teil der Historie.

Auf unserer Tour streifen wir die Grenze und rollen teils auf österreichischem Boden. Dort liegt auch der kleine Ort Anif mit seinem wundervollen **Schloss Anif**, dessen Silhouette sich im Wasser spiegelt. □

IMPRESSUM

1. Auflage 2025

Touren und Texte: Oliver Kockskämper

Titelfoto: © unsplash/Kristaps Ungurs

Fotos: © wikimedia/Rolf Kranz (S. 2/3, 4 links), © AdobeStock/herculaneum79 (S. 4 Mitte), © AdobeStock/eplisterra (S. 4 rechts), © AdobeStock/santosha57 (S. 5 links oben), © AdobeStock/AS-Fotoart (S. 5 links unten), © iStock/leonid_tit (S. 5 Mitte, 154/155), © AdobeStock/jovannig (S. 5 rechts, 153), © iStock/Jan-Otto (S. 8/9), © AdobeStock/Jürgen Wackenhut (S. 12/13), © AdobeStock/fottoo (S. 14/15), © iStock/fotoVoyager (S. 16/17), © AdobeStock/snapshotfreddy (S. 18/19, 22/23), © wikimedia /Ref-lit (S. 24/25), © AdobeStock/Wolfgang Jargstorff (S. 27), © AdobeStock/Uwe Kantz (S. 28/29), © AdobeStock/Sina Ettmer (S. 34/35, 106/107, 112/113, 128/129, 132/133, 172/173, 181), © AdobeStock/RSK Foto Schulz (S. 36), © AdobeStock/uslatar (S. 37), © AdobeStock/Thomas (S. 38/39), © AdobeStock/Michael Piepgras/Wirestock (S. 40), © iStock/FooTToo (S. 41, 240/241), © AdobeStock/Marcus Retkowietz (S. 42), © AdobeStock/kentauros (S. 43), © AdobeStock/Jenny Sturm (S. 44/45), © pixabay/HerMann Wendeln (S. 45), © AdobeStock/Butch (S. 46/47), © AdobeStock/Sliver (S. 50/51), © AdobeStock/Chemnitz von oben (S. 52/53), © AdobeStock/doris oberfrank-list (S. 54), © AdobeStock/klaus.media (S. 55), © AdobeStock/Ingo Bartussek (S. 56/57), © AdobeStock/Gabriele Rohde (S. 60/61), © AdobeStock/Isnurnfoto (S. 63), © Münsterland e.V. (S. 64/65, 70/71), © Münsterland e.V. /andersart.ig (S. 69), © Creative Commons/Dominik Ketz (S. 72/73), © AdobeStock/ON-Photography (S. 77), © wikimedia/Matthias Ludger Olschowy (S. 79), © AdobeStock/majonit (S. 80/81), © iStock/Joppi (S. 82/83), © Creative Commons /Teutoburger Wald Tourismus/Dominik Ketz (S. 86/87), © AdobeStock/Sven (S. 89), © Alamy Stockfoto/Peter Schickert (S. 90/91), © iStock/Marco Ritzki (S. 92/93), © AdobeStock/lunamarina (S. 96), © AdobeStock/dk-fotowelt (S. 96/97), © iStock/Thomas Franik (S. 98/99), © AdobeStock/modernmovie (S. 100/101), © AdobeStock/Comofoto (S. 105, 134/135, 136/137, 144/145, 164/165), © AdobeStock/F. Krawen (S. 108/109), © AdobeStock/EKH-Pictures (S. 114/115), © AdobeStock /spuno (S. 116/117), © AdobeStock/elxeneize (S. 118/119), © AdobeStock/Alois (S. 120/121), © Alamy Stockfoto/Wolfgang Diederich (S. 124/125), © Alamy Stockfoto/Ian Dagnall (S. 126), © AdobeStock/Eric Immerheiser (S. 134), © AdobeStock/reimax16 (S. 138/139), © AdobeStock/kranidi (S. 142/143), © AdobeStock/ Tilo Grellmann (S. 146/147, 148/149), © AdobeStock/umsturz43 (S. 156/157), © AdobeStock/Jørgson Photography (S. 161), © wikimedia/Ronald Spiegelberg (S. 162), © AdobeStock/CPN (S. 166/167), © AdobeStock/braun&cant (S. 170/171), © AdobeStock/fotoping (S. 174/175), © Saarland Tourismus/Eike Dubois (S. 176/177), © Weltkulturerbe Völkinger Hütte/Günther Bayerl (S. 183), © AdobeStock/ Vaceslav Romanov (S. 184/185), © Alamy Stockfoto/Peter Delius (S. 189), © AdobeStock/tichr (S. 190/191), © AdobeStock/photographyttl (S. 192/193), © AdobeStock/Mario (S. 194/195), © AdobeStock/Freesurf (S. 198/199), © AdobeStock/Markus Keller (S. 200/201), © AdobeStock/Marc Kunze (S. 202/203), © AdobeStock/Markus Mainka (S. 207), © AdobeStock/Sebastian Köhler (S. 208/209), © AdobeStock/David Hajnal (S. 210/211), © iStock/travelview (S. 212/213), © AdobeStock/dina (S. 218), © AdobeStock/haenson (S. 220/221), © wikimedia/SimonWaldherr (S. 222/223), © iStock/Borisb17 (S. 227), © Alamy Stockfoto/Panther Media GmbH (S. 228), © pixabay/fietzfotos (S. 230, 231, 235), © AdobeStock/SophiasWelt (S. 232/233), © AdobeStock/vichie81 (S. 236/237), © AdobeStock/Rainer (S. 242/243), © iStock/MNStudio (S. 244/245), © iStock/bluejayphoto (S. 246/247), © AdobeStock/Dani (S. 250/251), © iStock/Max.T (S. 252/253), © AdobeStock/Rainer Mirau (S. 254/255).

Covergestaltung: Lana Bragin, www.ulani.de

Buchgestaltung: Horst Krückemeier, www.hokrue.de

Illustrationen: Marmota Maps, www.marmotamaps.com

Layoutkonzept: Alexandra Struve, www.designundich.de

Druck: Hans Gieselmann Druck und Medienhaus GmbH & Co. KG, www.gieselmanndruck.de

ISBN: 978-3-96990-242-4